八十五歳の読居録

北脇 洋子
Kitawaki Yoko

展望社

八十五歳の読居録

目次

一　みかん箱の本箱時代　9
(一)　星条旗の翻る大学　9
(二)　高校時代の無神論　11
(三)　天牛書店を知る　15
(四)　文芸部の開高さん　20
(五)　昭和初期の円本　27
(六)　占領下の学生運動　31
(七)　女性だけの飲み会　36
(八)　アテネ文庫　41
二　煉瓦の本棚時代　45
(一)　机と布団だけの下宿生活　45
(二)　なめくじ屋敷の共同生活　49

三　段ボールの本棚時代　55
(一) 摺りガラス戸の本箱……55
(二) 天井までの段ボール本棚……59
古本屋めぐり　59
三島由紀夫の自決　61
財力を考えない蒐集熱　62
(三) 知事官舎に黒田先生を訪問……70
四　マンション買って本棚をつくる　73
(一) 憧れの造りつけ本棚……73
(二) 認識をあらたにした掘り出しもの……76
『冒険ダン吉』と『少年ケニア』　76
石川達三の日記『流れゆく日々』　77

(三) 車のある生活……79
(四) ガーデンハウスへ転居……84
(五) カナダへ……89
パワフルな中国系住民 89
オタワ・モントリオールからニューヨークへ 92
パン麹で漬ける漬物 94
スーパーブックストアで本を買う 95
ナイアガラでピクニックパーティ 96
老人ホーム「もみじ」 98
サンフランシスコで「アクシデント」 100
(六) 開高さんが死んでわたしは生き残る……102
(七) ハッピイ定年！……106
五　六十歳からの中国語　*111*
(一) 北京での研修……111

(二) 中国語サークルをひらく 115
(三) 中国で本を買いまくる 118
(四) 自費出版社の懸賞に当選 126

六 初めての出版と最後のお勤め *129*

(一) 最初の出版 129
『エコノミスト』の書評 131
山崎時彦先生の思い出 132
(二) 教室で「人権無視や」といわれる 137
(三) 紀州太地の別荘 142
(四) 古典を読む会のこと 146

七 他人の本棚を眺める愉しみ *152*

(一) 「本棚の本」の変遷 152

(二) 喜田雅彦氏の本棚をちょっとまねる……155
(三) 驚嘆の『書斎曼荼羅』全二巻……158
(四) 古い文化人の書斎……161

八 わが家の半端な全集 163

(一) 『漱石全集』の新旧入れ替え……163
(二) チャリンコで神保町めぐり……166
(三) 大震災の遺された書籍……172
(四) 「円本」の魅力……174

九 わが蔵書に見る「食の物語」 177

クリスティの食事風景 178
ジョイスの『死者たち』の晩餐 180
平安時代の古典にみる食の貧しさ 182

病床の子規の食事　184
米久の晩餐――群衆の宴（高村光太郎の大正十年の詩）　186
河上肇の獄中食　190
山田風太郎の食事日記（『あと千回の晩飯』より）　192
西太后の食卓　195

十　古本売ってフランスへ　*197*

(一)　本の整理を始める……197
『本が崩れる』の草森紳一氏の死　197
リフォームによる大量整理　201
(二)　古本売ってフランスへ……208

十一　珈琲と読書　*214*

十二　後期高齢者となって　222

(一)「後期高齢者」に仕分けされる　222
(二)おひとりさまは自宅を「終の棲家」にできるか　225
(三)ひとり死にの先達たち　231
(四)右往左往する八十五歳　239
　パソコンが壊れる　239
　車がなくなる　242

十三　自立した生活を長く続けるために　247

(一)おひとりさまの施設　247
(二)持っていきたい文庫と新書の百冊　255
(三)昨日と同じような日々がよい　288
(四)圧迫骨折になってみて　292

一　みかん箱の本箱時代

㈠　星条旗の翻る大学

戦後、大阪商大を主体として市立工専・医専・女専が合併して総合大学になった大阪市大は、戦時中に海兵団が使っていたという理由で、大和川沿いの杉本町の校舎は米軍に接収されていた。一九五二年には一部が返還されたが、鉄条網越しに星条旗が翻《ひるが》っているのを横目に見ながらの学生生活であった。

返還されるまで、旧商大系の商経法文学部の学生は大阪市内の二つの小学校校舎を借りていたのである。わたしが杉本町の校舎で勉強したのは、専門課程に進んでからで、入学した当初は日本橋に近い八幡筋の狭い校舎にいた。

学長は、戦前の京大滝川事件で、最後まで辞表を撤回せず、抗議して免官になった恒藤恭である。恒藤はのちに立命館大学総長となる末川博とともに大阪商科大学に招聘《しょうへい》され、戦後は、本庄栄治郎学長の後任に選ばれたのだった。恒藤恭が学長である大学にいることを誇りにしている学生は多かった。

一九五〇年、商経法文学部に入学した女子は経済学部に一人、法学部に二人、文学部に四人いた。一年上には法学部に女子が一人いただけである。

入学して初めて登校すると、女子だけが校庭の隅に固まっていた。誰一人お化粧はせず、うち二人はまだセーラー服を着ていた。

新入生同士はすぐに親しくなり、お互いに自己紹介などして喋ったり笑ったりしていると、文学部の久世がせかせかとやってきた。

「あのね、大変よ。先輩にきいたのだけど、一年上の女の人って、ざあます、ざあますの人らしいわ」という。ならば、「まあ、おいしゅうござあますこと」「さようでござあますか」というのも面白そうだなと思っていると、黒いダブルの上着にグレーのスカートの当人が、にこやかに現れた。

「法学部の今野といいます。よろしくお願いします。ずっと女子が来てくれるのを待っていたので、嬉しいわ」という。

わたしは「ざあます」じゃない普通の人であることに、ほっとしたが、「ざあます」ことばを使って上品になる道は途絶えたのであった。

この今野さんというのは、神戸女学院出身で男子学生のマスコットのような存在であり、おでこのひろい爽やかな美人であった。

彼女は大阪では有名な弁護士の娘さんで、弁護士になるために法学部に入ってきた人なのである。今野さん自身は、あまりその自覚がなかったらしいが、その後司法試験に合格して見事に親の期待をかなえた人なのである。

今野さんは法学部に入った理由をきかれると

「女性が少ない司法の分野で働きたいと思いました」とにこやかに答えていた。

それをきいてわたしも入学後はそのように答えることにしたが、高校生の時は「政界の黒幕になる」といっていた。

(二)　高校時代の無神論

高三のときの担任は、クリスチャンであった福島笑子先生であった。大学に合格して、お礼に祖母と二人で御自宅まで伺った時、先生は「法学部に入った女子は貴方だけなのよ。法学部を選んだ理由は何だっけ」ときかれた。

「政界の黒幕になるためです」といったら、隣の部屋から、たまりかねたような笑い声がして先生の御夫君がふすまをあけて出てこられた。

「こんな面白いことをいう生徒は、どんな子か、見たくなった」

御夫君は大学の先生で東洋史が専門とのことであったが、それから、すっかりこの先生のお気にいりとなり、お伺いするたびに「洋ちゃんのお祝いだから」「洋ちゃんがせっかく来たんだから」と飲む理由にわたしを引き合にして、お酒を飲まれた。肝臓が悪いので、笑子先生は制限しておられたのである。

黒幕というのは、表に出ず、蔭で政治に影響をもつ学者や団体、政治家などと漠然と思っていた。つまり政治家に助言する実力者という意味である。実際は陰謀家や右翼の大物などのマイナスイメージのある言葉だと知ったのは、入学後であった。「政界の黒幕」といっても感心してくれる人は誰もなく、冗談だと思ってくれる人はまだしも、変わった人だと思われるのが関の山である。

この担任の先生には選択国語の時間に苦労をおかけした。テキストは北村透谷の『万物の声と詩人』の何ページかを使った講義であった。

そのなかに「無絃の大琴懸けて宇宙の中央にあり、万物の情、其物の心、悉くこの大琴の音とならざるはなし」という一文があった。

わたしは、この一文がよくわからないので質問した。

「宇宙の中央にある大琴とは何ですか」

先生は即座に答えられた。

「それは神のことです」

わたしは謙虚な高校生ではなかったので、また質問した。

「何でも神にしますが、神を信じない人は触れることはできません。神はあるのですか」

「じゃあ、後ろを向いて御覧なさい。隣の教室の人が見えますか」

わたしは後ろを向いたが壁しか見えなかった。

「見えません」

「そうでしょう。神とはそういうものなのです。そこにあるのに見えないだけなのです」

「それは詭弁です」

わたしは黄色い嘴をとがらせていった。

クラスのなかでわたしと京大にいった古井、日本女子大にいった鳥井、同志社大にいった小西の四人は全く違う性格であるのに、運命共同体的な連帯感で結ばれていた。

というのは高二から男女共学になり、男子の中で女子は肩をせばめるようにして机を並べていたのである。

ホームルームで「男女共学」というテーマで討論することになった時、一人の男子が、「女子と一緒になったら、学力が下がる」といった。そうしたら、「お前はそんなに偉いのか」という男子のブーイングがおこって、わたしたちは、ほっとしたのだった。旧制中学からきた教員のなかにも、女子は学力が低いという前提に指導する人がいた。女学校の英語の教科書を、中学校のそれと比べると、確かにレベルが一段低いように思った。それでわたしたち四人組は、いつもわからないところを教えあい、励ましあっていたのである。

この頃、わたしは古井から唯物論や唯物史観の本を見せられて、大いに感化させられていた。古井はまた、彼女の兄から教育されていたのだった。

わたしは哲学らしいものに初めて触れて、停電がある夜も蝋燭をたてて、古井から借りた唯物論の入門書を読み、大いに啓発されていたのである。

「それでは人間は何からできたと思いますか」

と先生はわたしに問われた。

「猿です」と答えると、教室がどっと笑った。

「では、猿は何からできたのか」

隣に座っている古井が小さな声で「細胞」というのをきいて
「細胞です」という。

「じゃ、細胞は何からできたのか」

わたしはまた古井に助け舟を求めた。彼女は下をむいたまま「アメーバー」といった。

わたしは「アメーバーです」という。

先生は、また「アメーバーは何からできたのか」ときかれる。

わたしは少し困ったが、勇気をだしていった。

「科学が進んだらわかります。科学がまだ解明していないところを神の存在でごまかしたり、理屈をつけて人間を屈従させようとしているのです」

先生はうんと頷いて、みんなを見渡していわれた。

「それでは神を信じていない人は手を挙げてみて下さい」

半数ぐらいが手をあげた。

先生の顔はやや上気していた。

「次の時間は神があるか、ないかの論争をしてみましょう」

わたしは、四人組の一人である鳥井が手を挙げなかったのが不満だった。

「どうして手を挙げなかったの」

「だって先生に悪いもの」

とコーラス部の鳥居はきれいな小さな声でいった。

わたしはそのことばに少し反省したのである。

(三)　天牛書店を知る

ところで、一緒に入った法学部の、もう一人の女子は学生運動に熱心で、いつも機関誌の編集や活動にいそがしく、なかなかわたしたちの話のなかには入ってこなかった。

そのためか、最も親しい仲になったのは。今野さんとわたしと文学部のスルメちゃん、それに翌年入学してきた経済学部の井坂である。

スルメちゃんは、どこか原節子に似ている人なのに、誰がスルメというあだ名をつけたのであろうかと考えて、彼女をよく見ると、話す時両手の指がくねくねと動くのである。それに合わせて顎も前に突き出るのであった。わたしは、この話すパフォーマンスから出た別名なのかと納得した。

スルメちゃんの家に今野さんと遊びに行くと

「チョピンのレコードをきく?」といって何枚かのレコードをかけてくれた。

わたしは「チョピン」という作曲家はきいたことがなかったが、このピアノ曲はきいたことがあった。レコードを手にとってみると作曲家に「CHOPIN」とある。

わたしは音痴で音楽にはあまり知識がないが、これはショパンと読むのではないかと思った。それでおずおずときいた。

「これ、ショパンじゃなくて、チョピンていうの?」

「チョピンよねぇ」

スルメちゃんは今野さんに同意を求めた。

「あ、そうだ、ショパンだ! ショパンよ。ああおかしい」

今野さんは笑った。

スルメちゃんは悄然たる面持でレコードをしまった。

大阪の有名な古本屋「天牛」に行ったのはこの頃である。

夏休み前に廊下で、アルバイトの求人票をみていると

「天牛に行かない」

と山岳部の先輩から誘われた。わたしは
「天牛ってすき焼きのお店ですか」

ときく。

「古本屋だよ。知らないの」

と笑われた。

その時初めて道頓堀にある天牛書店に出かけたのである。

古本特有の匂いがして、本や雑誌が山と積み上げられ、あまり系統だった整理もされていないように見受けられた。

店内には、通路に何人もの客が立ち読みしたり、店主に持参した本を売るのに値をつけてもらっている人がいた。風呂敷から出された本を素早く手にとった店主は、大きな声で値段をいう。本を売った男は軽く頷いて代金を受け取り、いそいで店を出ていった。

本が雑然と積んである量が多くて、掘り出し物がありそうな気がした。

先輩は実方《さねかた》正雄『商法學総論』を手にとって、「まだ新しいのに、もう出ている」と喜んだ。

わたしは尾高朝雄《おだかともお》『法の究極にあるもの』を見つけたので、手にとって値段を見ると、高かったので棚に戻した。

この本はベストセラーであり、今野さんが面白いといっていたのである。

店を出て先輩と喫茶店に入った。

「奥に座っていた人、大きな声だろう。あの人は天牛新一郎さんていうんだ。他の店より高く買って安く売るというのが、モットーらしい。学生が要らなくなった参考書など売りにくると、高めに買ってそれをまた買いにくる学生に売るんだ。だから回転がよくて参考書などでも儲かるらしいよ」

わたしは先輩が買った『商法學総論』を手にとってパラパラと眺めながらいう。

「味も素っ気もない約款《やっかん》とか、よく読みますね。覚えられるんですか」

「こんなの持ち込みだよ。六法だって教室に持ち込んでいいんだ。与えられた題でこれらを参考にして論文を書くだけだ。北脇さんも法律やるんだろう。公務員の希望者は、行政法のゼミをとる人が多いときくよ」

「法律はあまり好きではないので、法律学科はやめて、政治学科の科目を中心にとるつもりです」

「それじゃ、就職には不利だな。国家試験でも目指すつもりなの?」

先輩は洒落た小さな缶から粉をつまみ出して、パイプにつめてマッチで火をつけた。

いい匂いがかすかにした。他の学生がパイプなど吸うと滑稽な感じがするのだが、この先輩がすると、よく似合っていた。わたしから見れば、同年の男子より、はるかに大人の落ち着きと自信が感じられた。

わたしはこの先輩に一目ぼれして山岳部に入ったのである。

山岳部に勧誘されたわたしは、スルメちゃんに

「断りにいくから、付いてきて」と頼んで部室の戸を開けたら、正面に座っていたのが、この先輩であった。わたしが断わる前に、「いらっしゃい」とにこやかに微笑んで、入部届を出すように勧めた。

わたしは当然のように、その届用紙に書きこみ、スルメちゃんにも書くように促した。

わたしが勧誘されたのは、膳所《ぜぜ》高で山岳部に入っていたことをアンケート用紙に書いたためである。無記名であったが女子が少ないので、わたしであることが判明したのだという。

その頃の膳所《ぜぜ》高はアメリカ式カリキュラムの影響をうけていたらしく、クラブ活動が時間割に組み込まれ、週五日制であった。

怠け者のわたしは、山岳部なら、校内に山はないのだから、きっとその時間は、何もすることがないはずとふんだのである。事実その通りで、山岳部を選んだ生徒たちは、学校の築山付近で雑談したり、本を読んだが、秋の祝日に比良山に登らされたのは想定外であった。

スルメちゃんは、「この人」と、わたしを指して今野さんに訴えた。

「断りに行くというから付いて行ったら、山岳部に入ってしまうんだもの」

「自分だって入ったじゃないの」とわたしは笑っていいかえした。

「どうして二人とも入ったの」と不審そうな面持ちの今野さんはわたしにいった。

「見たこともないハンサムな学生が、いらっしゃいといったので入ってしまった」

と弁明したが、なんとしばらくして今野さんも入ったのだから世話はない。

時々、山岳部の部屋に、ベレー帽をかぶった色白の男性が来ていた。

「助手の梅棹忠夫です」といわれたが、わたしは「新入生部員です」と自己紹介しただけで、部屋に誰もいない時は、そそくさと出て行った。

後になって文明論に関する著作を次々と出され、国立民族学博物館長になられる方だとは思いもできず、愛想のない無作法なことをしたものである。

(四) 文芸部の開高さん

わたしが二年の時、旧制高校や専門学校の学生が新制大学の二年に何人も編入してきた。

これについて坪内祐三『昭和の子供だ　君たちも』は「昭和五、六年生まれについて、これは一番わたしにとって興味がある自分の世代論である……昭和ひとケタ生まれ前後で旧制と新制にわかれる……新制と旧制に振り回された人に開高健がある……旧制大阪高校一年を終了した昭和二十年三月、学制改革によって大阪市大法文学部に入学したのである」と述べている。法文学部が法学部に分離したのは、一年後のわたしたちの学年からであった。

わたしは開高さんの一年下であるが、同じ法学部なのに、あまり口をきいたことがない。どちらかというと、開高さんを避けていたのである。アルバイトなどで忙しくしていた開高さんは、大学にはあまり姿を現さなかったが、時々文芸部の雑誌を抱えて廊下に立ち、黒いゴム靴を履いて、傍を通る学生に買ってくれるようにたのんでいた。

「ちょっと、開高さんが一階の廊下にいるわよ」という注進の声で、ほとんどの女子は、開高さんに呼び止められぬ様に遠回りしていくのだった。雑誌を買わされるという迷惑と開高さんは皮肉屋という噂があったので、何か皮肉をいわれないかという怖れからである。

わたしも遠回りする人間だったが、一度だけつかまって雑誌を買わされた。確かそのなかに『車輪の下』という題の開高さんの小説があったように記憶している。ヘッセの『車輪の下』と同名だったから、「アレ?」と思ったので覚えていたのかもしれない。

しかし、わたしは開高さんに自分から進んで教えをうけたことがある。

それは外書講読の時間に、予習をしていないわたしは、何となく今日は「当たる」という予感がした。それで誰かに、わからない箇所をきこうとキョロキョロしていると、開高さんが教室の前の廊下に立っているのを見つけた。

開高さんが堂島の英語学校で教えているという噂をきいていたので、早速英語のプリントを持って、傍に馳せ寄ってたのんだ。

「開高さん、ここ教えて」

開高さんは、しばらくじっとプリントを眺めていたが

「この略語の意味は何?」ときく。

「はじめは覚えていたんですけど忘れました」

「へえ。これがわからないで、よく読めるね」

「だから訳してほしいわけです」

開高さんは苦笑いしながら、センテンスごとに一頁を五、六分で訳してくれたが、

「わからない単語があるから要約だよ」

といった。

わたしはお礼をいった後に尋ねた。

「どうしたら英文、スラスラ読めるようになるのですか?」

「そんなに、すぐ読めるものじゃないけど、翻訳家にでもなるの」

わたしは凄い皮肉だ、と思いながらも神妙に否定した。

「君の好きな作家は誰?」

わたしは咄嗟に高校の英語の時間にならったギッシングを思い出した。

「ギッシングです」

痩せた開高さんの眼鏡の底が光ったような気がした。

「へぇ、渋いな。兎も角自分の好きな作家の本を辞書をひきながら、毎日少しづつ読むことや」

「やってみます」といってわたしは教室に入った。

それから、何か月か経ったある日、開高さんがわたしに近寄ってきた。

「今日、今野さん来てる?」

「まだ会ってませんけど」

「君らはいつも女子ばかりで集まっているんだって？」

「それは誤報ですよ」

「そう」

「なにか伝えておきましょうか」

「いや、いいよ」

開高さんは、鞄から文庫版ぐらいの大きさのガリ判刷りの冊子を出して
「読んでみて」とわたしにくれた。

記憶によると、たしか米兵相手の娼婦のことが書いてあったような気がするが確かではない。

大阪市大にはまだ米軍キャンプがあったので、米兵が大勢いた。米兵相手の娼婦のことを、当時はパンパンとよんでいたが、開高さんは、彼女たちが、本国に帰った米兵に出す手紙の代筆や、米兵からきたレターの翻訳をして謝礼を受け取っていたのだった。だから彼らの生態を描くのには資料も豊かで書きやすかったのであろう。

今野さんに小説の冊子をもらったことを話すと「私も、もらったわよ」と『印象生活』を見せてくれた。これは短いエッセイをいくつか書いたものらしかったが、わたしは読んでいない。

「開高さんは、文学部に入ればよかったのに、どうして法学部になんかに来たの？」

今野さんは、ちょっと考えていった。

「経済事情がゆるせば、言語学者になりたいんだってよ。開高さんは、お父さんが亡くなって、お母

さんと妹さんを養わなければならない立場なのよ。だから就職しやすい法学部に入ったのでしょう」

しばらくしてわたしが今野さんのお宅に伺った時、彼女は留守であった。今野さんの兄嫁にあたる方が出てこられてしばらくおしゃべりしたなかで、開高さんの話がでた。

「あのね、開高さんがここにみえた時、わたしにお母さんですか？ていうのよ」

と、あきれたという表情である。

「それはひどい。開高さんはあがってたんと違いますか」

わたしは笑いをこらえていった。

この方は東京圏から嫁いでこられたので、大阪弁ではなく、きれいな標準語を話された。容姿も洒落た感じで、どうみても今野さんの親とは見えない。年齢も七歳違いであるから三十歳前であるのに、五十歳ぐらいのお母さんと間違われては、悔しかったに違いない。

「私ね、大阪弁がまだわからないので苦労してるのよ。この間お義父さんが、書類のはいった風呂敷包みを私に渡して、これなおしておいて、といわれたの。それで私は風呂敷包みをほどいて、どこか間違っているところを直そうと思うのだけど、どこも間違っていないのよ。困ってしまったわ」

わたしは大笑いした。

国語辞典で「なおす」を見ると具合の悪いところに手をいれたり、病気を治す、修理するなど改めるという意味に使われているが、大阪では、「なおす」は「しまっておく」という意味でも、よくつかうのである。

この方は現在、画廊のオーナーなので、水彩画の好きなわたしに水彩画展の案内を時々送ってくださるのだ。それで一年に一、二度はお会いする。

この頃わたしも開高さんとよく似た貧乏学生であった。

敗戦の年の暮れに、わたしたち家族は中国青島から米軍のフリゲート艦で引揚げた。当初は祖母の妹が住む滋賀県石部の屋敷に身を寄せたが、京都府の援護で京都南部の引揚者寮に移り、農地を与えられた。この引揚者寮は比叡山ホテルを移築したものときいていたが、設備もよく、ホールもあった。

このような援護施設は厚生省の指示によって、京都府には二十三施設が設けられ、九三一世帯が暮らしていたのである。

わたしたち家族はフローリングの十二畳と畳敷きの四畳半の部屋を割り当てられた。トイレと炊事場は共同である。共同といっても広い土間に竈《かまど》が世帯の数だけあり、井戸から引いた水道管を使っていた。

わたしは四畳半の隅に、木のみかん箱を置き、それに紙を貼って本箱にしていた。机はなかったが、父の作った囲炉裏《いろり》のような大きな木の火鉢があり、その四隅は三角の板がはめ込まれ、茶碗が置けた。

父と祖母が開拓した農地でサツマイモ、馬鈴薯《ばれいしょ》、西瓜《すいか》などがとれた。筍や柿、栗はいくらでも自然に成ったのをとって食べることができた。栗は大きな丹波栗で、落ちているイガを割って茹でて食べた。米こそ足りなかったが、ひもじい思いをしたことはなかった。

しかし、父が病没すると、母が小学校教員に出るようになり、祖母はまがった腰で早朝から夜まで一切の家事と薪集め、畑の仕事などを黙々とこなしていた。父は敗戦の年、商社の外郭団体の理事をしていたが、引揚後の就職斡旋はしてもらえなかった。外地から帰国した何百万人もの人間に職を与える職場はなかったのである。

開高さんより恵まれていたのは、祖母が育てた畑の収穫物と母の収入があることだった。

わたしが入学した昭和二十五年の入学金は三百円であり、年間の授業料は、大阪市内の居住者は四千円、市外居住者は五千円であった。当時大学卒の公務員の初任給が六千円ほどであったから、一か月の月給から支払うことができる額である。現在は公務員の初任給で年間の授業料を払えるなんて考えられない。

わたしは大火鉢の隅で本を読んだり、三角板の上で書き物をしていた。家族は大火鉢の周りを囲み食事をとったり、談笑するのである。冬は大火鉢の真ん中でお湯が沸いていた。その傍で夜遅くまで試験勉強をしていると、祖母が横でサツマイモを薄く切って焼き芋を食べさせてくれるのだった。

「先に寝て」と頼んでも、わたしが起きている間は、一緒に起きているつもりなのである。

わたしは自分の部屋が欲しいなんて思ったこともなく、それで十分幸せであった。

大学に入った頃から、この引揚者寮を出て都市に移る人が出始めたので部屋が空き、わたしは二階の空部屋をもらった。母が知り合いから不用になった机と椅子をもらってきてくれたので、これを二階の部屋に置いた。

わたしの部屋ができると、友人がよく遊びにくるようになり、そのたびに祖母は畑の野菜を大急ぎで採り、乏しい財布をはたいて、すき焼きをしてくれるのだった。

㈤　昭和初期の円本

本箱にしているみかん箱のなかには、高校の教科書や旺文社の参考書、赤尾の豆単（英単語集）、受験雑誌の『蛍雪時代』があった。『蛍雪時代』は、予備校も塾もない時代の受験生の情報誌である。これらの参考書や教科書以外に古い新潮社の世界文学全集が何冊かあった。

古本屋は店内に客がいないと入りにくく、棚の本を手にとると、店主の目を背中に感じるうえ、店を出るのも出にくい雰囲気があるので敬遠していたのだが、ある日、三条河原町の古書店の入口に、『モンテクリスト伯』など世界文学全集が積み上げられていた。はっきりした価格は忘れたが並はずれた廉価本であった。

あまりにも廉いので、その中から『レ・ミゼラブル』一・三巻と『モンテクリスト伯』二巻、『クオヴァディス』をえらび、レジの台に置いた。しかし、『レ・ミゼラブル』の二巻が欠なので買うのをやめようとすると、店主が「それ、ただにしてあげるから持っていって」といって本を入れる袋までくれたので、両方の手に重い本を提げて帰った。

これらの翻訳本は昭和初期の「円本」といわれた新潮社刊の全集である。『レ・ミゼラブル』は小学生の頃に『ああ無情』という題で、『モンテクリスト伯』は『巌窟王』という題で講談社の少年少女世界名作全集で読んでいたので、物語の筋は大体わかっていたが、この大人向きの堅牢な装丁や分厚い二段組の小さな活字を見て、内容がかなり違うものであろうという予想ができた。

デュマの『モンテクリスト伯』を読むと『巌窟王』を読んだ時とは全く違う興奮を感じた。しかし、それは文学性に惹かれたのではなく、ストーリーが単なる冒険小説以上に歴史性があり、面白いからであった。特にダンテスがマルセイユの沖合にあるシャトーディフの牢獄に入れられて、脱出するまでのスリルに夢中になって読み進めた。

四十年後に再び『モンテクリスト伯』を岩波文庫で読んだ時は、南仏を旅行したこともあり、ラングドック地方の風物の描写を楽しみ、箴言を味わうこともできたのである。

『クオヴァディス』はネロのローマ時代におけるキリスト教徒の迫害が物語の背景である。迫害側の軍人とキリスト教徒の女性の恋愛にも寝食を忘れるほど読みふけった。作家のシェンキビッチはこの作品でノーベル文学賞を受賞したことを後で知った。

大学に入るとみかん箱には、当面講義に必要な教科書や六法が並ぶようになった。

お金はないのに新刊書店にはよく入った。腹が立った時など、本屋で背文字を眺めていると、不快な気分がなくなっていった。それはわたしの鎮静剤であり、時々は手にとって目次を見たりするのが愉しかった。雑誌は読みたいところだけを立ち読みする速読にも慣れて、よく本屋には入っていた。

二年生から奨学金がもらえるようになると、新刊書も少しは買えるようになった。

三年の時、天満の古本屋でたくさん買ったことがある。三月だったから試験も終り、多分春休みに入って、アルバイトを始めた頃である。その時は塩野義製薬の集計を大型の計算機を叩いてやっていたように思う。

アルバイトのお金が入ったのか、『ドイツイデオロギー』『ドイツ農民戦争』『ミラボーとフランス革命』などを買った。その動機は、ドイツの農民の精神史を調べてみたいと思ったのであるが、いつも大層なことを考えつくが、実行はしたことがなく、これもただの思いつきで終わった。

みかん箱のなかには、これらの本のほかにラスキ『信仰・理性・文明』『国家』、都留重人編『資本主義』一・二巻、『米』(岩波新書)などが並んだ。祖母はこれらの本をパラパラとめくりながらいった。

「こんな難しい本を読めるようになってくれて…これだけ買ったら、もうお小遣いはなくなったやろう。またあげますからね」

腰が曲がって、神経痛に苦しみながらも、山のような洗濯物を盥《たらい》で洗い、畑仕事のほかに柴集めなどを一手にひきうけている祖母は、家計を切り詰めて、わたしに時々お小遣いをくれるのである。わたしはそれがどんな犠牲を伴うものであるかを知っているので、大いに愧じたが素知らぬ顔でいた。

祖母がむつかしいというこれらの本は、わたしにとっても難しかった。

今、何が書いてあったか、と問われても記憶にない。わからぬままに読んでいたのであろう。

こうしてみかん箱の本は徐々に増えて二段積となり、三段積となっていった。

わたしが就職して下宿したあと、引揚者寮は取り壊すことになり、家族は府営住宅に移った。その時天井裏に置いていたわたしの書籍の大半が、鼠の糞尿にまみれていたとかで従兄弟が処分した。

今では貴重本になっている日本で最初の世界文学全集も灰となってしまったのである。

そのなかで祖母が、汚れていない数冊を選んでとっておいてくれたので、燃やされずに今も手元に残っている。

佐藤春夫『玉笛賦』（初版）、石母田正『歴史と民族の発見』、井上清『日本現代史』、ゼミで読んだハロウェルの『イデオロギーとしての自由主義の没落』の英語版である。この本は丸善で、一か月の奨学金の三分の一にあたる六八五円もしたのである。

これを原書で読むのだが、いつもおおまかに訳して大体の意味だけを掴むのに精一杯であった。

ゼミの教官は東大から来られた松本三之介先生であった。旧制商大には民法や商法、訴訟法など私法の権威が多く、司法試験の委員には、それらの教授連が名を連ねていたが、法学部が新設されると、公法や政治学などの教員がいないため、東大から若手の研究者を何人も招聘したのである。

松本先生は丸山眞男氏の門下であり、如何にも秀才という感じがした。だが秀才にありがちな冷徹さはなく、親しみやすい人柄の方であった。

㈥　占領下の学生運動

わたしが大学に入学した一九五〇年六月に朝鮮戦争が勃発した。日本にも緊張が走り左翼の学生は興奮していた。

学生細胞から、しばしば入党を勧められた。

「共産党に入らなければ、この世界情勢に直面して正しい立場で平和と独立を擁護できないと思いませんか」と迫られた。それに対してわたしは

「党派を超えた高いヒューマニズムに生きたい。共産党に入って、初めてそれができるのなら、その平和を疑います」とえらそうにいって断ったが、それは一つの党の独裁であり、ソ連の支配による平和ではないかと考えたからである。

政府は全学連が占領政策を公然と批判する集会をもつことを禁止していたが、GHQ（連合国最高司令部）の顧問W・C・イールズ博士の声明に反対する集会が各地であった。

イールズ博士が共産主義的な教授は大学から追放すべきだと新潟大学で話したことで、日本学術会議や全学連はこれに反対し、東北大や北大では、講演を妨害して流会させた。

市大でも大学当局の禁止命令を無視して、レッドパージ反対の学生集会が連日開かれていた。

戦時中に治安維持法で投獄されていた助手の人や経済研究所の人達が学生大会に来て激励メッ

セージを読みあげた。そこへ恒藤学長が現れてスト禁止の訓示をされている最中に、機動隊が突然襲ってきた。地下にいた細胞の学生が警官に連行されるのを見た学生たちは激昂して大会を打ち切り、グランドに待機している機動隊を囲んで腕を組み、インターを唱って挑発した。

だが機動隊の隊長が「かかれ！」と叫び、警棒を振り揚げて警官らが雪崩をうって突進してくると、学生は蜘蛛の子を散らすように逃げた。

わたしは逃げ遅れてしまい、地下の学生食堂に飛び込んだ。とっさに空のうどん鉢を見つけて、その前に座るのと同時に機動隊員がどどどと横を駆け抜けていった。

最後に隊長がやってきて怒鳴った。

「こら！　お前は何をしておるのだ」

「うどんを食べています」

といって丼鉢のうえに載っていた箸をとったが、だし汁は少しも残っていなかった。

わたしはいつも昼食に一杯三十円の素うどんをとっていたが、このだし汁が美味しくて飲み干していた。からの丼をみて、やはりおいしいのだなあと思いながら、箸を持ったまま警官の顔を見た。

「早く帰れ！」

と、にらまれて立ち上がった。

一人の学生が正門前で、後頭部を警棒で殴られた学生の血染めの服を振りかざして、黒山のように集まった通行人に警官の暴力を訴えていた。そこへホールに押し込まれていた学生たちがやってきて、警官の暴行を口々に憤った。

その数日後、わたしは先輩に誘われて、天満の漕艇部に行き、山岳部のボート練習に随伴した。五月に全学のボート祭りがあるのだ。このボート祭りは一八八九年に始まったという伝統的なもので、学部やクラブ対抗のレースがあり人気の行事なのである。

この時漕艇部の人がわたしを見て、山岳部の伝統として女性は艇に乗せないことになっているのではありませんか、といった。腹がたったが黙っていると、先輩は平然としてわたしに乗るように指示した。

「いままでは山岳部に女性がいなかったからだろう。家政学部が全学のレースに参加したいといっても拒否するの？」

といってコックス席に座って「オールメン用意！」と号令した。

わたしはコックス席の前に座って大川を下ったが、何となく居心地が悪く北浜で艇から下りた。わたしは学生運動を主導する学生のなかに、女性への差別的発言をする人を度々見たが、政治的に保守的と思っていた先輩が女性を排除する考えではないことに、何か新しい発見をした思いがした。

この先輩は大手証券会社に入り、のちに本社の幹部になられた。東京に行ったとき、電話すると、「おお、久しぶり、飯食おうよ。何が食べたい」ときかれた。わたしは以前、松本先生に御馳走になった「たいめいけん」の小皿料理がとても気に入っていたが、「たいめいけん」の名前を忘れてしまっていた。そこで「いろいろおかずがたくさんあるところがいい」という。

八重洲ブックセンターで待ち合わせて、小さな料亭に行くと、六畳ぐらいの和室のテーブルにずらーと小皿料理が並んでいた。わたしはいつもより夕食の時間が遅かったので、お腹がすいていた。一膳を食べ終わると、先輩は「たべざかりだな」とお櫃《ひつ》のご飯をついでくれた。先輩は「僕は会議があって、そこでもう食べてきた」といって、わたしが食べるのをじっと眺めながら笑っていた。

言論界では講和条約のあり方に対して、アメリカ中心の単独講和か、ソ連・中国もいれた中立・非武装の全面講和をとるかという論争が活発であったが、一九五一年九月八日全面講和は非実現的としてサンフランシスコ講和条約が締結され、同日に安全保障条約も調印された。

一九五二年春、吉田内閣は破壊活動防止法案を国会に提出した。これに反対する私鉄、炭労、全金属、全鉱連などがスト決行。全学連もストを決行して、反対運動は最高潮に達していた。

五月には皇居前広場で血のメーデーがあった。

六月には田畑忍学長を中心に同志社教授団の破防法反対講演会、日本学術会議、日本ペンクラブ、大阪市大教授団の反対決議に続き、矢内原東大学長、末川博立命館学長などの反対表明などがあり、わたしも扇町公園での総決起集会に参加した。

『世界』『中央公論』『日本評論』などの総合誌には、著名な学者や文学者ら多くの知識人がキャンペーンをはっていた。

吉田首相は反対する学者を「曲学阿世《きょくがくあせい》」と呼ばわった。

まさに政治の季節ともいうべき潮流が日本列島に渦巻いていたのである。

わたしはこの頃、指導教官である松本先生の研究室でお話を伺うことができた。
「学者という者は何時の時代でも、政治（政府）に対して批判的精神をもつべきです。社会主義は、現在では最もベターなものかもしれない。だけど僕は社会主義全能説ではなく、すべてがよいとは思っていない。だから社会主義政権ができても、完全というものはないから、政権に対して批判するところは批判を加えるのが学者としての使命であると思っています。しかし、大多数の人民の利益になるのならば、少々政治的自由が制限されても耐え忍ばなければならないだろう。学者としては淋しいことではあるが。唯物史観にしても、これが完全な理論体系だと信じ、その理論に安心してよりかかっていては進歩はないのであって、批判こそ命だと思っても過言ではないでしょうか」と、大体、このようなことを先生はいわれた。

だが街に出ると大阪市街を花電車がはしり、仮想行列がサンフランシスコの講和条約・日米行政協定の発効を祝っていた。「ストと花電車こそ、これからの日本の課題だ」とわたしは思った。日米安全保障条約を押し付けられ、列島がアメリカの要塞になるのだ。他国の軍隊に自国の運命を託す国がほかにあるのだろうか。

ともかくこの頃は、現在からは想像できないほどの「政治の季節」であった。マスコミをリードする知識人たちの多くは、反米・独立・親ソ主義であったといえよう。

また関学大教授の中井先生の国法学特講を受けていたが、年輩で保守的な考えの先生の講義を受けるのがいやだった。でも一対一の講義なので、さぼるわけにはいかなかった。

ところがある日、中井先生に人間的な親近感を持ったのである。

「私は従来研究してきた学問を捨てきれないほど、深く没頭し研究してきたのではないから、捨てようと思えば、何の未練もなく捨てられる。しかし、マルキシズムに魅かれることはあるが、何か根本的に納得のいかぬものがあって、どうしても私を承服させないのだ。私は決して古い学問から抜け出ることができないのではない」といわれた。

敬遠していた中井先生が、わたしを学生としてでなく、対等に人間として自己を語られたことに少し敬愛の気持ちを抱き始め、国法学の英語の原書に真面目に取りくむようになったのである。

しかし、講義がおわると「早く結婚した方がいいですよ」といわれるのには閉口した。家でぼやくと、祖母や母は「いいことをいってくださる先生やな。親切なお方や」と褒めるのだった。

(七) 女性だけの飲み会

わたしは山岳部の先輩と「天牛書店」に行った経験から、「天牛は教科書や参考書でも高く買ってくれるそうだから、試験が終わったら売りに行こう」と井坂に提案した。

経済学部の井坂は、よく家でイチゴやリンゴなどの果実酒を作ってきて、それをみんなに味見させて喜ぶ趣味があった。

その日も井坂は果実酒を持参していた。

わたしや今野さん、それに中文の二人が瓶の果実酒を飲んだ。

「ジュースみたい」

「すっぱい」

「シードルの一種でしょう」

「ふらふらしてきた」

と、いいながらコップを回し飲みする。

「ふらふらしてきた」といったのはわたしである。わたし以外はみな強かった。

井坂と今野さんと、いらなくなった教科書を売って、焼売をたべようということになり、天牛へ売りに行く途中に「パン！」と音がした。

今野さんはキョロキョロと辺りを見回して「車がパンクしたのかしら」という。天牛に着いて、井坂が本を売ろうと鞄を開けると、鞄の中は瓶が割れて果実酒の液でチャプチャプと鳴っていた。

鞄を振って歩いたので発酵して瓶が割れたのである。

この結果、井坂の「経済原論」は売物にならず、わたしの本一冊の代金で、近くの中華料理店「蓬莱」でシュウマイを一皿とって食べることになった。二個づつあったような気がするが、一皿で長い間しゃべった。まだ果実酒の酔いが残っていたらしい。

「男性は酔ってしまって覚えていない、などと都合の悪いことはお酒のせいにするけど、あれ本当に覚えてないのかしら」

と今野さんがいう。

「女性に悪戯をして咎《とが》められると、酔ってしまってわからなくなったとかいうよね」

「一回、私らで飲んでみて、本当かどうか試してみよう」

井坂はヒヒヒと嬉しそうに笑った。

「そうや、社会人になるまでに試して、身を守らないといかん」

わたしが真面目な顔でいうと、二人はわたしをにらんだ。

「北脇さんは一番弱いくせにえらそうなことをいって。すぐに寝てしまうのに」

結論はどこか会社の保養所を借りて、徹底的に飲んでみよう。そして翌朝に覚えていたことをいい合おうということになった。

翌日法学部棟の廊下で畠山さんに呼び止められた。彼は手に岩波の『日本資本主義発達史講座』(全七巻)の一冊を持っていた。今では野呂栄太郎、服部之総、羽仁五郎らの古い講座派の全集で、誰も顧みない本であるが、その頃の学生の間では、これを読まない者は進歩的ではないと思われていた。

彼も恰好をつけていたのだろう。

「君ら昨日、天牛に行くといっていたろう。本、売れた?」ときく。

「売って焼売を食べましたよ」

「そんなに高く売れたのか」

と不思議そうに問う。

「一皿をみんなで分けたんですよ」

「よくやるわ。はずかしい」

と顔を赤らめた。

彼は海兵から旧制弘前高校に入って、今度は新制大学の二年に編入してきたのである。髭の剃りあとの青いのが目立つうえ、すでに妻帯している人だったので、わたしたちは別人種のように一目置いていたのである。

わたしは彼に昨日「蓬萊」できめた女性だけの飲む会のことをぺらぺらとしゃべった。

「ほんと、君ら集まったら変な事ばかり考えるんだな。酒のせいにする人もいるが、本当にわからなくなった人や忘れてしまう人もいるよ。人によって酒の作用が違うんだ」

「でも男性は、酔っ払いに甘いと思わないの。女性の酔っぱらいには、格段にきびしいでしょう。だから酔ったせいにはできないのです」

「そうですか。……きびしいなあ」

と笑った。

四年生の冬、出版社の入社試験を受けに中文の久世と一緒に上京して、畠山夫妻の借りている離れ家に泊めてもらった。トイレ付の四畳半一間に炊事場があった。みんな泊りにくるので、敷布団は部屋いっぱいになるような大きさにつくられていた。畠山夫妻とわたし、久世の四人は、その一枚の布団に寝た。

畠山さんは夫人の失業保険で食べていたのであるが、夫人はわたしたちが無銭飲食しても少しも嫌な顔をせず、大鍋に肉や野菜を煮込んだのを勧めてくれるのである。

「食べるときは、黙って食べないとなくなるわよ」

といわれて、四人は黙々と鍋を囲んで食べた。

畠山さんは年齢が求人の年齢枠を超えているのがネックで、大手企業に応募できなかった。それでなくても、前年に朝鮮戦争が終結して、景気は悪くなっていたので求人は激減していた。

のちに彼は三一書房に入った。五味川純平『人間の條件』六巻が通巻二〇〇〇万部をこえる超ベストセラーになり、三一書房は自前の社屋ビルまで持てるようになったのである。

この頃製本は機械化されていなかったので、神田周辺のすべての折り屋さんが『人間の條件』にかかりきりとなり、一週間に五万組、三〇万部が出ていった（『ベストセラー昭和史』塩澤実信著 展望社）。

わたしは上京した折に、三一書房に行って、『人間の條件』（新書版）全巻をもらったことがある。

それから十数年して、彼が三一書房の社長になると、上京するたびに三一書房に寄って、社長室にある本を物色した。

四、五冊選んで、用意した袋にいれた。

「これもらっていいね」

「夢野久作はだめだよ」

全集物は持って帰れないのに、と思いながら物色を続ける。

衝立の向こうに来客があるらしいが、畠山さんは何を持っていかれるのかと、こっちに気が散っているようだ。

「本の題名、書いておいてくれよ」

「はいはい。全部で五冊です」

「それ、古本屋に売るんじゃないだろうな」という声を背中にききながら
「まさか。大事に読みますよ」

といったら来客の笑い声がした。

㈧　アテネ文庫

戦後三年が経ったころ、弘文堂発行のアテネ文庫が一冊三十円で出ていた。論点が簡潔に、平易にまとめられていて、わたしにはもってこいの書であった。

『刊行のことば』には高邁な理想が掲げられている。

「昔、アテネは方一里にみたない小国であった。しかもその中にプラトン、アリストテレスの哲学を生み、フィジアス、プラクシテレスの芸術を、またソフォクレス、ユウリピデスの悲劇を生んで、人類文化永遠の礎石を置いた。明日の日本もまた、たとい小さく且つ貧しくとも、高き芸術と深き学問とをもって世界に誇る国たらしめねばならぬ。〝暮らしは低く思いは高く〟のワーズワースの詩

『法律の階級性』

『日本の財閥』

句の如く最低の生活の中にも最高の精神が宿されていなければならぬ。本文庫もまたかかる日本に相応しく、最も簡素なる小冊の中に最も豊かなる生命を充溢せしめんことを念願するものである」

当時の紙のない時代に粗悪な紙を使った六十四頁の冊子であったが、活字に飢えていた人たちに人気であった。わたしは電車での通学時間が長かったので、何冊かを車中で読んだ。

この文庫を欲しいという友人に上げたりして、今は戒能道孝『法律の階級性』と土屋喬雄『日本の財閥』の二冊しか持っていない。

小説は借りて読んだ。ドストエフスキー『白痴』やロジエ・マルタン・デユ・ガール『チボー家の人々』、ロマン・ロランの『魅せられたる魂』などは、学生の読書の定番であった。

今、これらの名作をまた読みたいか、ときかれると、みな長編なので根気がないのと、高い理想に青春時代と同じように感動するとは思えないので、あまり読みたいとは思わない。

むしろ高校生のころ読んだ『はるかなる山河に』（東大戦没者の手記）は「戦争できる普通の国」になりたがっている世の中では、再読してみる価値がありそうに思われる。

この頃流行したサルトルの『嘔吐』は読んで、もう一つ理解できなかったが、『存在と無』や『実存主義とは何か』を読んで、彼の哲学を小説にしたものだとわかった。

サルトルは、社会参加により自分の生き方を選びとることを「アンガジュマン」といっているが、戦後の日本では第二次大戦下におけるフランス知識人のレジスタンスを評価し、憧れる風潮があった。わたしはむしろサルトルより、契約結婚した妻のボーヴォワール『第三の性』を読んで、合点するところが多かったのである。

わたしが就職した頃、今野さんは司法研修所にいたが、カミュの『ペスト』を読んで感動したという手紙をくれた。

わたしはカミュの『異邦人』を読んでいたが、あまり感心しなかった。主人公ムルソーがアルジェリアでアラビア人を殺す行為を、解説では「不条理」と書いていたが、わたしは経緯からみて、二人のどちらかが相手を殺す可能性が強いストーリーであると思ったので「不条理」という説明に納得しかねた。示唆的なぎらつく太陽、海、アルジェなど体験もしていない風土を考えるなど面倒くさくてカミュは好きでなかった。

でも今野さん推薦の『ペスト』を読むと、『異邦人』よりもいいと思った。

それにしても、大学時代法学部にありながら、法律学はなるべく避け、政治学科の科目をとり、自主的に読むのは文学書であったから、この点では開高さんと似ていたのではないかと思った。

大学四年生の秋、思想の科学研究会が京都であり、京大の歴史学科にいる古井に誘われて行った。そこで何が話されたかは全く記憶にないが、帰りに人文科学研究所助手の松尾尊充氏と一緒になり古本屋に寄った。

棚に『西園寺公と政局』が並んでいるのを指差して、「あれ読んだんですけどね、すごく面白かった。政治思想史をやるなら、読むべきですよ」といわれた。定価をみるまでもなく、箱入りの本が九冊並んでいるのを見て、高価に違いないと思い、手にとることはせず、「そうですか」といっただけである。この本がやっと買えたのは十年後である。

この原稿を書いていた二日後、松尾氏の逝去を報ずる新聞記事（朝日朝刊二〇一四・一二・二三）を見た。新聞に出ている松尾氏の写真は、あの頃とは全く違っていた。

近代日本政治史についての名著が多く、高名な研究者となられてからはお会いする機会がなかったが、その頃の松尾氏は、まだ若く、かすかに少年の面差しもあって、三人でうぐいす笛を吹きながら鴨川べりの道を歩いたのが懐かしく思いだされた。

春に大学院に進学する予定の古井は「京大の大学院に来ないか」という。行きたいが「学資がない」とも言えず、生返事をして別れた。

わたしは老年になって、学生生活をふりかえる短歌をつくった。

「素うどんをすすって四年学食の　あのみちたりた戦後の日々よ」

貧乏で衣食に不自由したが、今まで知らなかった知的な世界に触れ、家にはわたしの帰りをひたすら待つ人がいた倖せを偲んだのである。

二　煉瓦の本棚時代

(一)　机と布団だけの下宿生活

一九五四年は朝鮮戦争が終結した翌年で景気は落ち込み就職難であった。特に女子の就職は難しかった。出版社の入社試験は見事におち、一般企業の入社試験はずっと以前に終わっていたが、本が読めるところに就職したかったので、ビジネスマンになる気はなかった。

教員免許はとっていたので、大阪府の教員採用テストを受けて合格した。しかし、今と違って、この試験は資格試験であって、自分で就職先の学校を探さなければならなかった。縁故のないわたしは頼みにいく先もなく、広告の電通で臨時職員として働いた。

来年、正規の採用試験を受けて下さいといわれていたが、ラジオに出るダイマル・ラケットの漫才番組での旗振り役やスポンサー会議の世話などの雑務に嫌気がつのっていた。

ただスポンサー会議に出すキャメルやラッキーストライクなどの輸入煙草、残ったサンドイッチなどの処分は任されていたので、山のようなサンドイッチは全部大きな封筒に入れて、飢えた友人たちをよんで食べさせていた。煙草は会議室から自分の部屋に帰る途中で、社員やアルバイトの学生たちにねだられて、大半はなくなった。

「このサンドイッチのマーガリン、いやに塩辛くてまずい」

と、わたしたちは半分食べて残りを堂島川に捨てた。

わたしたちはチーズというものを食べたことがなかったので、マーガリンだと思い込み、タマゴやハムをはさんだものばかり食べた。ただし、この頃のチーズは、今ほどは美味しくなかったのは確かである。

大学の斡旋で七月から堺市の中学校教員に採用されたが、学生の頃よりも金欠病が嵩じた。家の者はみな、わたしが自炊能力がないと思っているので、アパートに住むと食生活が乱れて栄養失調になるといい、下宿生活を選ぶように望んだ。下宿代六千円を初任給九六百円から引くと、本を買うのは不可能になった。

後で新聞記事などから東京でも五千円であることを知ったが、その頃はそのような相場知識に疎かったので、下宿の小母さんの求めるままに払った。

教員生活は楽しく、読書などはそっちのけで授業やクラブ指導に励む毎日を過ごすようになっていた。だが二年後、東京で歴研の大会に出席して、知的向上心を刺激された。翌年丸山眞男『現代政治の思想と行動』(未来社)を買って読み、大いに感動した。今、ページをくると赤線を引き、感想まで書きこんでいる。奥付を見ると一九五六年十二月の初版である。

　少し本がたまると、わたしは本箱がほしくなった。その頃同僚に借りた『暮らしの手帳』に「煉瓦を用いた本棚」という記事があるのを見て、これは名案だと思った。

　早速作ることにした。先ず長さ一メートル一〇センチ、そして煉瓦と同じ幅のラワン材が必要だった。一階に下宿している大工さんに相談するとラワン材を買ってきて、カンナをかけ、ニスを塗ってくれた。

筆者の記憶をもとに再現した煉瓦の本棚（筆者画）

　わたしは早くその本棚を組み立てて、本を並べて見たかったので、ニスが乾くまで随分長いように感じた。畳の上に板を一枚置き、その上に煉瓦を左右に二つずつ重ねて置き、その上に板を置いていくのである。これで五段の本棚ができ、上段にはその後、買ったラジオや小物を置くことができたのである。これがフローリングの居間だったら、なかなか洒落た感じなのだが、畳の部屋なのが残念だった。

　だがわたしはこれだけで充足された気分になり、座机一つと座布団だけの部屋から、贅沢な家具ができたように感じた。

部屋は日当たりのいい六畳であるが、隣室とは襖《ふすま》で仕切られているだけなので、小母さんが近所の人と内職をしながらおしゃべりする声は丸きこえであった。掃除もしてくれて、なかなか親切なのだが衛生観念が乏しかった。わたしがもらってきた子猫に残り物の皿の魚を食べさせるのだが、その皿とわたしたちの皿は区別されていないのである。

隣室の短大生がわたしに「漬物の桶に蛆がわいているのよ。それを食べさせられていたかと思うと、我慢できないから引越すわ」といって、さっさと出て行った。

漬物は食べなければよいと思っていたが、翌年の夏休みの或る出来事から、わたしもついに引越すことにしたのである。

夏休み中には下宿にほとんどいないのだが、ある日用事があって下宿に赴き、二階の自分の部屋に上がると、そこで仰天する光景をみたのである。

祖母が丹誠こめて作ってくれた布団に、帰省した下宿の小母さんの息子夫婦と、その子供二人が寝転がっているではないか。それも打ち直したばかりの掛蒲団を敷いて、その上に汗だらけの子供が寝そべっているのだ。わたしは何もいわなかったが、心の中には怒りがたぎった。部屋代は何のために払っているのだ。わたしは夏休みが終わると同時にここを出る決心をした。

何もいわずに引き上げるわたしの顔を見て、小母さんは、わたしにどれほどのショックを与えたかを理解したようであった。

夏休みの終わる数日前、わたしは小母さんに引越すことを告げ、小さな三輪トラックに机と布団、それに柳行李一つと本棚の板や煉瓦を積んで去った。

(二)　なめくじ屋敷の共同生活

下宿生活は二年でやめて、大学で同期の内山と「性病科」と大きな看板を出している医院の離れ家を借りて、自炊生活をすることになった。離れは八畳・六畳・四畳半・三畳の部屋があり、炊事場、風呂場がある。ただし、風呂場は蛭《ひる》の住処であった。それでもわたし達は、そこでおそるおそる木の盥《たらい》の底に蛭がついていないか検分した後、洗濯板で衣類を石鹸で擦るのであった。

そのかわり家賃は一人千円だったので、金銭的余裕ができて煉瓦の本棚には、ほぼ本がぎっしりと並ぶようになった。

その本棚の前でラジオをきくわたしの写真が残っているので、どんな本が並べてあったのかルーペで本の背文字を見ようとするのだが、本棚の半分はわたしの蔭で見えず、また焦点があっていないので、はっきりしない。写真機はボーナスで買ったミノルタの二眼レフである。

それでも何とか判明するのは、アラゴン『断腸詩集』、ヴェルコール『海の沈黙・星への歩み』『日本の法律』とボーヴォワールの『第二の性』などである。

共同生活を始めたわたしは、丸山眞男の本も、社会科学の本もそっちのけで、もっぱら銭湯の隣

加藤泰三『霧の山稜』

の貸本屋で松本清張の新しい推理小説を借り、内山と競争するように読んだ。

今までになかった社会派の推理小説は、空想的な本格推理小説よりはるかに怖かった。普通の市民が日常生活で、いつ事件に巻き込まれないとも限らない恐怖があった。

教員になって数年は、このように推理小説を読み、休みには信州の山登りや近郊の沢登りなどに明け暮れた。

そのうち内山の知り合いが、私も一緒に入れてほしいというので、二年目から三人の共同生活になり、三種の神器と喧伝されていた冷蔵庫と白黒テレビを、お金を出しあって買った。

二人を一度惣河谷に連れて入ったら、たちまち山行きが好きになってくれたので、休日には三人で、近辺の山や谷に行くようになった。山関係の本や雑誌が増えたのは、いうまでもない。

本棚にはモーリス・エルゾーグ『処女峰アンナプルナ』や登山のガイドブック、好きな画文集が並んだ。わたしは山行きの記録を日本山岳会編の赤い表紙のついた『山日記』につけていた。『山日記』が何冊も棚に並ぶようになったが、今では一九五八年版と一九六〇年版が手元に残っているだけである。それには一日の行程とタイム、装備、食料、オーバーズボンなど防寒着の種類などが詳細に記され、また概念図や反省点など老眼の今は読めないほど細かい字で几帳面に記している。

この頃、一番の愛読書は加藤泰三の画文集『霧の山稜』である。泰三は東京美校を卒業後、中学の美術教師になったが南方で戦死した。文も画もその人柄にマッチしていて、何度読んでも飽きなかった。最後に一冊残すとすれば、これかもしれないと思うほどである。

内山と二人で行った三月の唐松岳登山は、途中でスキーをデポして凍り付いた痩せ尾根にピッケルを突き立てながら歩いた。翌早朝に窓から見えた世界は、黒ともいえる濃い藍色の天空のなかに雪と氷の山々が鋭くそびえていた。わたしたちは「こんな世界があったのか」と感激した。小屋の壁は薄く氷がはってピカピカと輝き、そこに氷の矢が無数にささっていた。

五月の木曽御嶽山麓のワンダリングは、登山とはまた違う山村の旅を満喫できた。日和田部落は旅館、ホテルの類はなく、村長のお宅に泊めてもらった。麦入りのご飯に、どんぶりに入れた煮豆、味噌汁、つくだ煮、人参と大根の漬物の夕食を供された。

その頃の濁河温泉には渓流が濛々たる湯気をあげて流れていたが、全くの渓谷で温泉とよぶ設備はなく、着衣などは岩の上に置くか木の枝に懸けて入る勇気がいった。秋神温泉の人に入浴を勧められたが、時間もなく下山した。

飛騨や木曽独特の風情のある風景、腰に鉈をさして歩く老人、真っ赤なほっぺたをした子供たちが着物姿で遊ぶ街道などの光景は、いまは逝きし山村の風景となってしまった。

木の屋根に石を置いた民家を前景に、こぶし・梅・さくらが満開で、その向こうには木曽御嶽という素晴らしい風景を撮らずに、お互いの記念スナップばかり撮っていた。絵心のない頃とはいえ、残念である。

こうして三人の共同生活が続いたが、友人たちは、この離れ家屋を「なめくじ屋敷」とよんだ。部屋数は多いのだが相当に古い。玉ねぎと間違って、ナメクジをつまんだこともある。ナメクジだけでなくネズミも天井からガス管を伝って下りてくる。天井裏では、常にネズミの運動会が行われていた。

手のひらサイズの蜘蛛も住んでいた。箒で払おうとしたら、わたしの方に向かって飛び下りてきたこともある。ただ不思議なことにゴキブリはいなかった。ネズミが食べてしまったのだろう。

この頃、内山は結婚して、ナメクジ屋敷からの脱出に成功していた。ネズミはネズミ算式に増えるらしいが、内山がいなくなってから確かに増えていた。

台所のガス管から下りようとするネズミを見て、隣の部屋から「しっ」「こら」とか声で威嚇しても、ゆっくりと、こっちを見てガス管を這い登るのである。

ところが、殺鼠剤《さっそ》のラットライスを台所に置いた翌日の夕方、帰宅すると子猫ほどの大きさのネズミが二匹台所の床に死んでいた。わたしは見るなり、台所のガラス戸を閉めて、近くの友人宅に駆け込んだ。

「ネズミが死んでるから帰られへん。友達が部屋に帰ってくるまで置いて」

と頼む。

友人の旦那が水をいれたコップをテーブルに置いてくれる。

「これ飲んで興奮を鎮めて」

「わたし、興奮してる？」

「してますよ。大阪弁どんどん使うもの」

食器を並べる音がした。

「ご飯、まだでしょう。中華にしたから食べていって」

好物の酢豚のいい匂いがしたが、胃がうけつけずコーヒーと果物だけをもらう。

帰ると暗い電灯の下で友人が怖い顔をして座っていた。

「あんた、ネズミが死んでたんよ！」

わたしはおそるおそる訊いた。

「へぇ！　何匹？」

「一匹よ」

わたしは「二匹じゃなかった？」とのどまで出かかった質問をぐっとこらえて、

「ごめんね。始末してもらって有難う」

と、いったが、それから以後は何か黒いものが目につくとネズミではないかと、怯える日々を迎えることになった。

ある日、夜中にトイレに行こうと部屋を横切ると箪笥の前に、黒い布のようなものがある。昼間はそこに何もなかったように思ったので、じっと見ていると、かすかに動いたように思えた。

何だろうと近寄ると黒い布がとんだ。

「ぎやあ！」と尻餅をついた。

蝙蝠《こうもり》が電灯のまわりをとぶ。

友人も起きだしてきた。

「電灯を消したら、外へでていくわ」

という。

「寝ている間に血を吸われたらどうするの」

わたしはともかく気持ちが悪いので、思いつくままにいう。

「血を吸うのは西洋の蝙蝠だけよ」

「日本のは、狂犬病のウィルスもっていると、新聞にかいてあったよ」

「本当に？　それは怖い」

友人は箒をもち、蝙蝠を木々が茂った庭へ追い出した。

わたしがこの不衛生な「なめくじ屋敷」を脱出する決意を固めて、新築の公団住宅に申し込んだのは二十八歳のときであった。

その結果幸い公団住宅に補欠当選したが、それはJR津久野駅前の五階の部屋である。当時はエレベーターも手摺もついていなかったので、わたしのところへ来ることを何よりの喜びとしていた祖母には無理だと思えた。かなり考えたが、この当選を断れば、今後申し込んでも当分当たることはないだろうという思いがよぎった。そこで一応は入居して、その後、転居しようと思った。

三　段ボールの本棚時代

㈠　摺りガラス戸の本箱

わたしは公団アパートに入居したとき、初めて本箱を買った。転居が十二月で、大阪南部にある高校への転勤が翌四月であった。本箱は転勤するわたしへの餞別金一万円を惜しげもなく出して建具屋に注文したものである。

一万円は当時のわたしの給料の半分近くであるから、建具屋としても、どっしりした丈夫なものをと思ったらしい。タンスのように上下に分かれて持ち運びできた。内は上下それぞれ三段あって、前後に本が二重に入る奥行があり、模様のある擦りガラス戸がついていた。知らない人には食器棚に見えたようである。

後に、この本箱は本箱としては、欠陥だらけの見本のようなものであると知った。

つまり不要な擦りガラス戸や扉がついて、本の背文字が見えないこと、奥行がありすぎて場所をとる。二重に本が入るが奥の本の背文字が見えないなどである。

このような本箱は応接間において、この上に人形や飾り物を置いて部屋の雰囲気を楽しむものなのだ。

記念にあつらえた本箱は1DKの部屋には大きすぎたが、みるみるうちに本でいっぱいになってきた。いくらでも詰め込まれたが、擦りガラスなので、本の背表紙が見えず、必要な本を探し出しにくいのが困りものであった。

わたしが本格的に本を買うようになったのは、この公団アパートに入居してからである。

1DKの広さしかないのに蔵書が増えるようになった原因は、これで自分が自由に使える空間ができたこと、転勤先の学校に読書家の同僚がいたことである。更に三つ目の理由をあげると、この公団アパートは下駄ばきで、一階には、いろいろな店舗があったが、このなかに「天牛堺書店」があったこと、つまり二、三分で行けるところに本屋ができたことである。

注意すべきは「天牛書店」ではなく、「堺」という地名が入っていることである。藤吉信夫さんという方が、長く天牛書店に勤めたあと、堺に独立開店されたのである。

今でも知らない人は、この「天牛堺書店」と古い「天牛書店」を混同している人が多い。ことに東京の人は後者の方が耳に馴染んでいるのか、前者を「天牛書店」といっている。

この「天牛堺書店」は古本屋ではなく新刊書店なのに店先の平台には、古本も並べて置いているのがユニークといえる。並べてある本の定価は、表示してある期間中は一律であり、すべて百円のときもあれば、また古本が入れ替わると、均一価格は変るのである。千円や二千円のときもある。

天牛の古書台の周りには、いつも人だかりがしていた。

携帯が普及したころ、「せどり」とおぼしき人が、台の上の古本に覆いかぶさるようにして本の題名と価格を打ち込んでいるのをしばしば見た。店員さんは「これされたら、迷惑ですねん。お客さんの邪魔になりますからね。廉いのを買って転売して、小遣いにするんでしょうな」という。

最近は古書の情報がもっと進化して「日本の古本屋」とか「アマゾン」で古書の価格が見られるので、やがて「せどり」は姿を消した。

今では大阪府下に二〇店舗を擁するチエーン店であるが、創業時はJR津久野駅前のこの店舗だけだった。

わたしは毎日のように、この書店に寄ったので、たちまち店主の藤吉信夫さんと懇意になり、仕入れた古本が並べられるのを見ていると、「これほしかったらあげまっせ」と『浪速名所図会』などの和綴本をもらった。

部屋が五階だったので上階の音はしなかったが、深夜に時々下津から石油を積んだ列車が通過すると、内山にもらった年代物のタンスの金具が微かに振動し、身体にもゴトゴトと振動が伝わってきた。

それでもよく眠ったのは、まだ若かったのと、市電のゴトゴトという音や列車の重い響きはあまり気にならない音だったのだ。

ある雑誌の調査によると、「一日で一番幸せと思う時は、夜に布団に入って眠る前」という人が多いとあったがわたしも同感だった。不思議なのは毎日、夜寝る前に枕元に三冊ほどの本を置く習慣があったことである。ただ数ページ読めばいいほうで、ほとんどは置くだけで眠り込んでしまうのに、枕元に置く本を選ぶのが楽しみであった。

この新築の公団アパートにいたのは三年ほどで、近くの古い二Kの公団空室に移った。移った大きな理由は、わたしの家に来るのを何よりの楽しみにしていた祖母が、八十二歳になるのに五階までの手摺もない階段を休みもせずに登るのである。わたしの前でしんどそうな姿を見せれば、もう呼んでもらえないと思うらしいのである。

「おばあちゃん、肩で息をしながら階段をのぼっておられるわよ」

と隣室の人からきかされたことで、駅から歩いて五分の空家に移る決心をしたのだった。不思議なことに枕元に本を置く習慣は、ここに移ってからなくなった。

第二の理由は摺りガラスの本箱がいっぱいになったものの、やはり背文字が見えないと、なにかと不便であったから、一列に本が並べられる空間が欲しかったのである。

空家抽選に当たった二Kの空室は、一九六〇年に建てられた四〇平方の部屋が主流の古い団地である。この団地のために「津久野駅」ができたという。

この部屋は駅から徒歩五分ではあるが、以前の五階と比べると明るさはなく、暗いうえにキッチン、靴箱、浴室の床など何かと古家という感じがした。

しかし、本を置くにはこの古い部屋が適していた。本は陽にやける南向きより北向きの部屋がよいという条件にあっていること、そして以前の五階の部屋は一方がベランダに向いたガラス戸であり、その対面は押し入れであったから、本棚を置くことはできなかった。

ところが今度の部屋は六畳の壁いっぱいに本棚を置くことができた。家賃も四千五百円であったから、そう負担感はなかった。

(二)　天井までの段ボール本棚

古本屋めぐり

刷りガラス本箱は奥行がありすぎて置くのがむつかしく、引越しを機に友人に進呈した。それに代って段ボール箱を天井まで積み上げた本棚をつくった。

段ボール箱の積み上げ方は、読書家の同僚である福山が教えてくれた。段ボール箱の蓋を内側に折りたたんで、支えとし、箱の中に隙間ができないように本をぎっしり詰め込むのである。背文字が見えるように縦に本を並べて、その上に本を横にして置き、隙間がないようにして積んでいくのであった。

福山はわたしなどと比較にならない本好きであり、広島大工学部を出てから市大文学部哲学科へ学士入学した人である。哲学科出身のためか弁もたった。

福山もわたしと同じJR沿線なので、帰りは一緒になることが多く、時々二人で古本屋めぐりをした。行く時は仲良く行くが、帰りは喧嘩別れになることがあった。

わたしは福山より視力がよいので、探す本をいち早く見つける能力がある。八十歳をこえた今でも運転免許証は条件なしである。つまり眼鏡は不要という警察の保証付なのである。それで福山より数秒早く目当ての本を手にとることができた。覚えているのは、わたしが玖村《くむら》敏雄『吉田松陰』を棚から抜いた途端に、背後できこえたのは、せっぱ詰まった福山の声。

「あ、それ前から俺が探していた本なんや。譲ってくれない」

わたしは振り返っていう。

「悪いけど、これは、わたしもほしいのです」

「お願いだ」

という福山を見ないようにして、他のコーナーへ移る。

なぜ、取り合いになるのに、わたしのそばで本を探すのか、と不思議に思ったが、よく考えれば、同じ分野の本を探すのだから、お互いに近くにいるのは不思議ではない。

店を出て「お茶に行かない」と誘うとプッとふくれて、

「俺はまだ行きたい店がある」

と眉をしかめていう。こういう時の顔は興福寺の五部浄像とそっくりになるのだ。

「じゃ、わたしは帰る」と別れる。これはまだいい方で、軍鶏《しゃも》のようにパッと左右に別れて、にらみ合うこともある。

同じ分野の本をさがす者同士が古本屋に行くのは御法度だが、「古本屋めぐり」などする趣味を持つ者はわたし達二人だけなのだから仕方がない。ほとぼりがさめると、喧嘩などしたことは、忘れて再び嬉々として出かけるのであった。

三島由紀夫の自決

ある日、喫茶店でゲットした古本を披露しあいながら自慢していると、隣席の男性が拡げた号外の大きな文字が目に飛び込んできた。

「三島由紀夫、自衛隊で割腹自殺」という文字である。

福山をつついて、目で夕刊をさすと、はっとした表情で「出よう」という。

それから、すぐに駅のスタンドに夕刊を買いに行ったが、号外も夕刊もすべての新聞が、きれいに無くなっていた。わたしも福山も興奮していたが、帰ってテレビを見ることにした。

翌日の新聞やテレビは三島由紀夫割腹事件で埋め尽くされていた。彼の創作『英霊の声』『憂国』は、この事件の前奏曲だったのかと思った。しかし、『憂国』の主人公である青年将校とその妻が、死を前にして行う最後のセックスや血しぶきのなかの自害も、その所作は美しく、一つの儀礼のように書かれていた。

だが森田必勝を道連れにした自衛隊総監室での切腹は見るに堪えず、最後の演説は空虚であった。

蜂起をよびかける三島は何度も「静かにせよ、よくきけ！」と叫ばなければならなかったのだ。演説は虚しく、自衛隊員は誰ひとり蜂起しなかった。

三島は外国人に理解されやすい作家だというが、これは不可解なのではなかろうか。

著名人が三島の死について論評していたが、どれも腑に落ちるものはなかった。むしろ友人の一人がいった感想が妙に今でも心に残っている。

「ナルシストの三島は老いることが怖かったんだ。そして自衛隊という国籍のない醜い軍隊を、国軍として独立した、凛々しいものにしたかったのだろう。盾の会の制服は、彼がナルシストであることを象徴しているよ。だけど自衛隊は三島の想う凛々しい国軍になりたいとは思っていなかったんだ」

わたしはそもそも三島の人間性について興味がなかったので、三島の死を理解したいと思わなかった。

財力を考えない蒐集熱

この頃『伊藤博文伝』三巻を高尾書店で買い、充足した気分で帰った。念願の『西園寺公と政局』は六巻までしかなかったが、安かったので六巻を買い、後の別冊を含む三冊は新刊で買った。

また給料をもらうと高尾書店に行って『大西郷全集』三巻を買った。この頃の高尾書店は梅田の第一ビルで営業していた。明治四五年創業の伝統ある老舗で、他店と比較にならない本の品揃えと水準の高さを誇っていたが、ここも二〇〇六年に惜しまれながら閉店したのである。

ある時、全く本を読まない現場仕事をしている友人が来て、本棚の本を指差してきいた。

「『大西《おおにし》　郷《ごう》』って誰？」

この時は、指差したので『大西郷全集』のことだとわかった。ところが公園であった時、わたしが持っている『毛沢東選集』を見て、「『けざわ　ひがし』て誰？」ときかれたときは、一瞬何のことかわからなかったが、そのあとは笑ってしまった。

わたしは彼らとは「人種が違う」と思ったが、少数人種であるわたしは六畳の壁を天井まで塞いだ段ボール箱の本棚を、毎日見上げて悦に入っていた。念願の本も揃い始めて、嬉しかったが何を思ったのか、『昨夢記事』や『川路聖謨日記《かわじとしあきら》』、『大久保利通日記』などを含む日本史籍協会叢書の刊行宣伝パンフを見て買いたくなった。この叢書はバラ売りができないもので、一期分だけで五万円が必要である。

わたしは共済組合から五万円を借りて第二期の何十冊かを買ってしまった。この叢書は一期分だけ買っても、あまり意味がない。大久保利通日記は、わたしが買った第二期分には二冊しかなく、続きは第三期に刊行されるのである。この叢書を全部買うなら、わたしは毎月の給料全部をこれに充てても及ばないのに、よくも借金までして買ったものである。『原敬日記』や『西園寺公と政局』などは、古本屋で手に入れたので、散財したという気持ちはなく、定年後に、高橋是清の評伝を書くときに利用した。特に『西園寺公と政局』は松尾氏がいわれた通り、とても面白くて全巻を読み通した。

「面白い」といっても、共同の敵であるはずの枢密院・軍部と組んで憲政党と対立する政友会の情けなさに暗澹《あんたん》とする。生き残りの元老西園寺公爵は、軍部の独走を抑える者は誰もなくなったと嘆き、秘書の原田熊雄を通じての個人的工作を行うが、ひでりの中の水滴のようなもので、本気で軍部に抵抗するような元気はない。蔵相高橋是清は西園寺より五歳下の七十九歳で、まだ元気がある。

高橋が内田外相に「いつまで陸軍に縛られているのか」と叱り、「日本の外交を陸軍が引きずっているのはおかしい」と陸軍大臣を難詰する。陸相が「新聞が勝手に書いている」と言い訳すると、「なぜ新聞を取り締まらないのか」と抗議したことなど、原田熊雄から西園寺の耳には入っていたらしい。

二・二六事件で高橋が殺害されたのは国防費の削減だけではなく、閣議で軍部を叱りつけるのは高橋だけで、いろいろけむたい存在であったのだ。

ともかく原田熊雄の日記から見ると公爵は始終「こうなった政情の責任は国民のレベルが低いからだ」とボヤく。しかし、国民のレベルの低さは新聞・ラジオが本当のことを国民に知らせないこと、低い生活水準は軍備に予算がほとんどつかわれていることにあるのだが、天皇を補佐し、次期内閣を推薦する元老や重臣たちは、それを自覚してはいない。

ともかく「天皇は現人神《あらひとがみ》」で「国体護持」は絶対的に侵してはならないものであり、メディアがこれを批判すれば、死刑、社は潰される覚悟がいるのである。

読んでいて腹立たしくはあるが、戦時中国民が知らなかった政局の動きや重臣たちの役立たない策謀など面白く読めて、資料にも利用できたとなれば、少々高価でも満足するのだが、五万円も出して買った史籍協会叢書は今も埃を冠って棚に積ん読状態である。

ある日、阪堺線の阿倍野駅近くに小さな古本屋が開店しているのを見つけた。

店の一隅に紐で縛った古本の束や段ボールが積まれていて、まだ整理されていないようであった。上の棚を見ると、戦前の総合雑誌「改造」や「中央公論」が二十冊ほど並べられている。

なかには明治四十年代のものが二冊ある。「支那事変特集号」や「満州事変特集号」もあった。値段を問うと、全部で三千円という。

さらに、徳富蘇峰の『近世日本国民史』が並んでいるのに目が吸い寄せられた。

筆者の本棚に並ぶ徳富蘇峰『近世日本国民史』。
背表紙の金箔の文字は、半世紀の時を経てすっかり薄くなっている。

「織田氏時代から攘夷決行編」まで五〇巻、昭和十一年民友社発行のこの本は、右翼思想の観点から著述されたものとして顧みられず、百貨店の古書展に行くと、『伊藤痴游全集』のバラ本とともに一冊百円以下で転がっているのをよく見かけた。

しかし、渡部昇一氏が『近世日本国民史』に出てくる資料は、「歴史家や小説家などが黙って参考にしたり引用しているのは、公然の秘密である」と何かの本で述べていたのである。五〇巻で三千円であるから一冊が六〇円という廉価であることも五〇巻を購入する決心を容易にした。この五〇巻と戦前の雑誌を送ってもらうことにした。

本が届くと、大満足のわたしは五〇巻をダンボール本箱に詰め、金文字の古めかしい装丁本を最上段に並べた。時々必要な史料を探すのに用いるが、面白いので、つい何頁かを読んでしまうことが多い。先日は幕末のテロについて調べたところ、事件の原因、年月、場所などその具体性は他の歴史書を凌駕していた。

ところが、またもわたしは懲りずに『日本史籍協会叢書』の二の舞を犯すことをしでかすのである。それは大阪周辺の地方史を購入し始めるという愚挙である。

きっかけは勤務校周辺に江戸時代の庄屋や文化人の子孫が保存されている近世古文書がたくさんあって、それに関心をもったことにあった。

ちょうどこの頃、大阪府下の市史や町史などが盛んに刊行されていた。現在なら大阪府下の地方史なら、図書館に行けば見られるが、その頃は揃っておらず、また大学図書館は学内の研究者のためにあるものとして、卒業生でも書庫に入ることは許されなかった。またカード制だったので、引き出しをあけていちいちカードをめくって探すという作業も億劫で時間をとった。

そこでわたしの地方史購入は、だんだんと広がり、一冊三千円から五千円もする重い市史を市や町の編纂室まで行って、持って帰るようになった。それも通史ならまだしも、史料編など特殊な研究者しか見ないようなものを次々と自分の収入も考えないで買い求めた。この頃、わたしの貯金通帳には、三か月分の給料ぐらいの金額しか印字されていなかったのに、老後のことなど全く念頭になかった。

今では図書館で簡単に閲覧でき、コピーも自由にできる。大学図書館でも見せてくれるようになったので、個人で買うなど馬鹿げたことをする人はいない。地方史などはよほど珍しいものか絶版でもない限り、古本屋にも売れないのである。

以前に読んだ『本の整理術』で或る作家が、売ろうと思っていた『群書類従』のなかの一冊が必要になり、怖くなって売るのをやめた、という記述を思い出したが、今頃は後生大事に嵩《かさ》のある『群書類従』や地方史を抱え込んでいる人はなかろう。

地方史の買い漁りは、堺市内の高校に転勤後もしばらく続いたが、購入資金も続かず、環境の変化もあって断念した。

環境の変化というのは、今までのように、学校の帰りや試験休みを利用して旧家へ資料を見せてもらいに行くには、遠すぎて交通に時間がかかり、足が次第に遠のいたことである。

さらに読書家の福山とも会えなくなったので、刺激がなくなったともいえる。わたしは自分を刺激してくれる物や人物から遠ざかると、勉強や努力が続かなくなるのだった。

しかし、学校の転勤というものは、会社の転勤ほどの環境変化はなく、本質的に仕事も同じなので、精神的ストレスがいつまでも続くということはなかった。むしろ女性教員の仲がよくて居心地がよかったため、よく遊ぶようになってしまった。

特に転勤同期の川村フミさんとは、年齢も近くて親しくなり、いろいろと彼女から学ぶことができた。花の名前をたくさん知るようになったのも、その一つである。

転勤してから、遊んでばかりのわたしの段ボール箱の本棚には、それまでなかった本が並べられるようになった。目立ったのは漫画と小説である。小説ではこの頃から山崎豊子の本をよく読むようになっていた。

最初に読んだのは、『女の勲章』である。友人が「上田安子がモデルになった小説で面白いわよ」と、いうので買ったのだが、三十歳のころだったと思う。

二十二歳のころ山岳部の涸沢合宿に参加する直前に、上田安子服飾専門学校に行って、上田さんから女性としての心構えと準備についてきいてくるようにと部長からいわれた。わたしは、上田安子さんがクリスチャン・ディオールのもとで学んだ有名なデザイナーであるとは知らなかった。でもデザイナーという人は、すらりとして美人で華麗な衣装をまとった人だという観念を持っていたので、どんな人かなと期待して行った。

服飾専門学校の教室の隅で待っていると、やや背の低い小太りの四十歳半ばとおもえる女性が見えられた。

合宿に参加するスルメちゃんとわたしを相手に、教室の隅で三〇分ほど「女性のための登山心得」みたいなことを話してくださった。さすがに威厳があり、わたし達は、「はいはい、わかりました」

とお礼を申し上げて辞去したのである。わたしは、ファッションショーに出るモデルとデザイナーとを混同していたのだった。

上田さんと親しい商社の重役が山岳部の先輩であり、その方の影響で上田さんも登山が好きになり、女性向き登山用服装などのデザインもされていたことを後で知った。

ある夜、『華麗なる一族』を夢中になって読んでいると「ごーごー」という音がきこえてきた。隣の何かの音だと思いながら読みふけっていると、その音は益々大きくなり、「どーん、どーん」ときこえてくる。

わたしは、その瞬間、はっとばかりに立ち上って風呂場に駆けつけると、お湯がたぎりたち蓋の間からもうもうと湯気が噴出しているではないか。浴槽の蓋をこわごわ開けるとすさまじい熱風が吹きだして浴室は蒸気で真っ白になった。まるで波のようにお湯が風呂桶の中で打ち寄せていた。お風呂を沸かしていたことを完全に忘れていたのである。わたしはショックで、もはやお風呂にも入らず、『華麗なる一族』を続けて読む気も喪失して寝てしまった。

漫画もよく読んだ。手塚治虫の作品や横山光輝『鉄人28号』、白土三平『カムイ伝』『忍者武芸帳』、藤子不二雄『まんが道』、久松文雄画・久保田千太郎作『史記』、『水滸伝』、西岸良平『夕焼けの詩』などである。

漫画は「読んだら頂戴」と欲しがる人が多いのと、貸すと返してくれない人もあり、こっちも二度読みしないので、貸したのを忘れてしまうため、今もあるのは、『史記』と『夕焼けの詩』のみである。

池田理代子の『ベルサイユのばら』を読んだのもこの頃である。世界史の授業で、生徒が教科書にある写真をわたしに見せていった。

「先生、教科書のロベスピエールの写真は、魅力ないけど、本当はこんなにハンサムなのに」

と、『ベルサイユのばら』という漫画本に描かれたロベスピエールを見せてくれた。

わたしは生徒から借りたこの九巻の漫画を三日間、半徹夜でどうにか読み終った。池田理代子の画がきれいで漫画の人物像にも合っていた。やはり漫画は画が巧くてきれいでなければならなかった。

(三) 知事官舎に黒田先生を訪問

実家は、全財産をなくしたうえ借金もあったので、わたしは授業料免除や奨学金をうけ、アルバイトもして学生生活を送っていた。当時の学生部長はのちに大阪府知事になられた黒田了一先生であった。

黒田先生はわたしの話をきいて、「大変だね」と授業料免除を約束してくださった。

しかし、わたしが黒田先生の日本国憲法の講義をうけて覚えていることといえば「六法に恋という字は一字もありません」といわれたことだけである。

黒田先生が一九七一年の地方統一選に立候補され、左藤義詮を破って当選されると、佐藤栄作首相は「黒田が当選するとは思わなかった」と驚きを隠さなかったという。

これで京都の蜷川虎三と再選された東京都の美濃部亮吉と共に三大都市で革新自治体が誕生することになったのである。

わたしが蜷川知事の公害対策が成果をあげていることを知ったのは、川の浄化であった。京都に行った時、賀茂川や黒かった高瀬川の水がきれいになって流れているのを見た。

当時の大阪は京都以上の深刻な公害が問題になっていた。わたしの住む堺臨海工業地帯は大気汚染が広がり、大阪湾沿岸の公害反対運動が盛り上がっていた時期である。

この住民運動の広がりによって、護憲派の黒田先生が知事に当選されたのである。

先生が知事になられると、面会予約をとり、今野さんと公邸に伺った。先生はとても楽しそうで奥様やお嬢様まで出てこられて話がはずみ、奈良県知事から贈られた西瓜を御馳走になった。

わたしたちは先生の公害対策や府立高の増設などの政策について、一切触れなかった。先生の暫しの寛ぎのひとときを、そのような話題をだして妨げたくなかった。

次の面会予約の時間ですと秘書官が知らせても、なかなか腰をあげようとはなさらなかった。

帰りぎわに先生の歌集をいただいた。今野さんは電車のなかで、その歌集を開いて見ていたが「本当に先生は衒《てら》いのない正直な方ね」といった。

そこにはその時々に感じられたことを、何の飾りもなく正直にあらわされた先生の心が詠まれていた。

二期目の一九七八年、先生からいただいた賀状には

年ごとに　空の青さのまさりつつ　ここに六たびの春を迎えぬ

屠蘇酌みて　春に浮かるることもなし　書斎にこもり書よむ　われは

という短歌が記されていた。

煙霧や黒煙に遮られた青空が、公害対策の成果によって徐々にもどってきたのを、詠まれたようである。

先生が第三期の革新府政をめざして立候補されたとき、わたしは組合から依頼されて先生の人柄を語る推薦文を書いた。それは「第三期革新府政の実現を」と題した府高教のパンフの一ページに載った。

「よくシベリア抑留中の体験談を話されたが、思いだしてみると現在の世界情勢においての判断も、説得力があったのは、書物からだけの知識ではなく、限界に近い経験から得られた強さが、より正しい見通しと、他に容易に影響されない信念をつくられたのではないかと推察されるのです云々」などと書いている。

しかし、選挙では岸昌氏に敗れ、第三期の黒田府政は実現せずに終わった。先生は、やっと学究生活に戻られたのである。

四　マンション買って本棚をつくる

(一)　憧れの造りつけ本棚

この二Kの公団住宅の部屋は、広さでは以前の駅前の1DKとそう違わないので、本が増えると段ボール本棚の前に積まれるようになり、寝室にしている四畳半の部屋まで徐々に侵入してきた。

でもまだ引っ越しを考えるところまではいかなかったが、大阪で最も古い団地の一つであるこの建物の壁は薄かった。上階の子供が走る音やボールをつく音、コマを回すコロコロ音がシャープにきこえると、引っ越し願望が年々つのってきたのである。

そうした折、新聞に三国丘駅から徒歩六分の新築マンションの広告が載っていた。今より三駅大阪よりである。この頃今野さんは、司法修習時代に知り合った同期生と結婚して、子育てもどうにか終え、夫君と数人の弁護士のいる法律事務所を構えていた。

わたしは今野さんにこのマンションの下見に来てくれるように頼んだ。わたしは今野さんを自分の顧問弁護士のように思いこんでいたのだが、部屋の評価まで頼むのは甘えすぎだと、あとで反省した。でも、この反省はすぐ忘れてしまう。

今野さんはマンションの周りを歩いていう。

「音を遮るのは難しいけど、西日を防ぐのはやさしいわよ」

と、西向きの部屋を勧めてくれた。

南側は国道の車の音がうるさいと思っていたので西向きの二階にきめた。購入予定の部屋の向かいは木造二階建ての住宅である。

交通の便も以前より一層便利になった。ＪＲと私鉄の交差する駅で、難波や天王寺のどちらにも行けるのである

部屋の広さは六十平方で、今までの公団借家に比べれば倍近い面積であるから嬉しくてたまらない。しかし、この購入資金は、共済組合や金融公庫から借金して買ったので、喜んでばかりもいられないのに、「家を買う」となれば、気が大きくなるものらしい。冷蔵庫やエアコンなどとともに、遂に憧れの作り付け本棚を注文してしまった。

六畳二部屋の壁いっぱいの本棚と文庫用の本棚二つで二十万円を支払った。ただし、文庫用の本棚一つはおまけにしてくれた。

ところが数年して『国史大辞典』十六冊、『徳川実記』八冊、『堺市史』などの重い本を置いた棚の板が少し撓《たわ》んでいるのに気が付いた。

紀田順一郎氏は本棚造りの注意点としてこう述べている。

「中仕切りの間隔は最低でも一メートルはあけたい。ラワン材を使用するなら、この間隔をもっと狭くしないと、板が曲がってしまう」

この本棚の材木は、そのラワン材なのである。業者も本棚専門ではないためか、中仕切りの間隔は一メートル四〇なので、重い本を置いた棚が撓《しな》っているのだ。

もっと早く「本棚のつくり方」などの本を読んでから注文すればよかったと反省した。

平凡社の『世界大百科事典』三十六巻を置く場所がなくなったので、古書店に買ってほしいと申し込んだら「百科事典だけは勘弁してください」といわれた。

百科事典は、『明治文化全集』と共に公団住宅時代から買い始めたのだ。月給が四万円程の時に毎月、百科事典の代金二千円と『明治文化全集』の三千円を支払うのは、かなりの負担であるのに、その外にも欲しい本があると買うのであった。

支払いを「付け」にしていたので、毎月の支払いが給料の半分近くにもなった。「付け」にすると。衝動買いしやすく。貧乏人は後が苦しいだけであることを痛感した。

この頃、三国丘駅にも天牛堺書店が店舗を出すようになっていた。この店には掘り出し物が時々あったので、帰りに均一台を覗くのが楽しみであった。

朝日新聞法廷記者団による『東京裁判』三巻をネットで見ると、今では二万六千円以上するのが、三千円であった。

(二) 認識をあらたにした掘り出しもの

『冒険ダン吉』と『少年ケニア』

復刻版だが戦前の人気漫画『冒険ダン吉大遠征』(島田啓三・講談社)や敗戦直後の人気漫画『少年ケニア』(山川惣治・角川)がバラで二百円で売っていた。石川達三の戦前に発行された単行本や日記などは百円均一の台に束にして八百円であったのを買った

『冒険ダン吉』は子供の頃、幼年倶楽部で見た懐かしさから、二〇〇円はただのように思われてすぐに買ったのだが、読んでみると、あの頃と違って少しも面白くない。黒ん坊島の野蛮国に流れついた文明国日本の少年ダン吉が、島の王様になって活躍するのである。「日の丸神社」を建てて、神様を祀るというのは、当時の国策通りで、ストーリーも日本の少年の勇気と知恵を称賛したものである。こんな単純なお山の大将的思考で「大東亜共栄圏」の盟主になれる筈はなかった。

今の同年代の子供が読んだら、退屈するのは間違いない。

それに比べて『少年ケニア』での、アフリカの草原や砂漠・猛獣など見たこともない山川惣治の想像力は凄いが、それにもまして、主人公の精神のたくましさは戦後日本人の明るさを示すようである。

「あきらめるな、ワタル。お前は日本の子だ。日本人は、どんなことがあっても、へこたれないのだ。

正直で強くて、勉強家でどんな困難も切り開く国民だ」という父の声がきこえてくるようで、彼は頑張る。

マサイ族の大酋長セガによって槍を使えるようになり、岩場を裸足で走れるようになったワタルは、巨象や大蛇とも仲良くなる。セガは「日本人はやっぱりえらい奴だ」という。

驚いたのは、まだ戦後の復興も未だはたせていない敗戦国日本で、「日本の少年なら」という誇りや自負が、まるで戦時の少年冒険小説のように波打っていることである。絵も粗削りながら躍動感がある。しかし、昭和五十八年の復刊は人気があったが、今、店頭で売れれば、どれだけ売れるだろうか。

石川達三の日記『流れゆく日々』

石川達三の昭和四十五年からの日記八冊『流れゆく日々』を読んでビックリした。

わたしは、戦時中の石川達三の仕事についての知識はあまりなかったが、戦後は進歩的文化人だというイメージを持っていた。それは戦時中『生きている兵隊』を書いて有罪となり、戦後も『風にそよぐ葦』や勤評闘争を描いた『人間の壁』など骨太の社会派小説を書いていたからである。

ところが読んでみると、顔からうける印象通り、頑固な保守主義者で女の自立には反対の人であった。今では、内心で女は浮薄で低級であるという考えを持っていても、これほどはっきりと公に述べる勇気のある男性はいないだろう。

「浮薄な流行を身に着けて洒落たつもりでいる女に民主政治を支配する選挙権を与えたということ

は、間違いだったと思う。逆にいえば、女がそういう性格を持っているから、選挙運動という催眠術を用いるのに都合のいい相手であって、政治家たちは万々承知の上で女に選挙権を与えたのかもしれない。所謂民主政治は、その時から低級なものにされてしまった」

そして権威のある作家や画家についても、その批評は手厳しい。漱石や志賀直哉、大江健三郎にも容赦はない。面白かったのはレジオン・ドヌール勲章受章者の荻須高徳画伯の絵を酷評していることである。

「相変わらずのパリの古びた家を、同じ色と同じ形で描いている。この人には、もはや想像力ないしは創造への意欲というものがなくなってしまったようだ。何十枚でも同じ画材をくり返している。心を失って、技術だけしか残っていない画家だ」

石川達三は自分でも画を描いているので一家言を呈したかったのであろう。

荻須画伯に対する評価は、わたしと違うが、それなりに納得できるのは、自分の好みや価値観をはっきりだして好悪を述べているところがよい。

現在、あたりさわりのない批評が多いのは、辛辣な批評をすれば、自著にも返り討ちの書評がなされると怖いという自信のない文筆業者が多いからであろう。読む方にはインパクトがないので面白くない。

こうしてどしどしと、わたしの本棚の本は見る見るうちに増殖していった。

㈢　車のある生活

一九八〇年、わたしはまた転勤になった。今度の転勤先の学校は、大阪市内にあった。満員の電車に乗ることと、乗換駅がターミナルなので、下車して改札に向かってくる津波のような人波をかきわけ、乗るべき電車をめざすのは、朝のひと仕事であった。今までは郊外の学校だったので、都心とは反対方向へ電車通勤するため、席に座れなくても、足が床につかないというほどの混雑を経験したことはなかった。

一年間は辛抱して電車通勤したが大いに疲れた。そんな時、車で通勤する同僚を見て、車で通う手もあると考え、春休みを利用して自動車学校へ入った。

自動車学校で感心したことは、規律が厳しく講義は時間きっちりにはじまり、一分の遅刻でも扉が閉められて教室には入れないのだ。

何とか春休みが終わるギリギリのところで免許をとったのは、五十歳のときであった。

最初に買った車は初心者が好きだといわれる赤のカローラである。嬉しがり屋のわたしはじっとしていることができず、前任校の学校なら、国道をまっすぐに行けば着くと判断して車に乗った。

ところが国道の分かれ道がロータリーになっていた。

後続の車があるので、咄嗟に左にハンドルをきり大きな道に出て走ると、踏切を越えて昔の村とおぼしき細い道に入っていくではないか。わたしは方向転換するために、タクシーの駐車場に入った。するとタクシーの営業所から二、三人が出てきて、慌てて手を振り
「ここへ入ってはいけない」と叫ぶ。
「ここへ入らないと、帰れません！」
と来た方向を指差してわたしも叫ぶ。
すると運転手たちは同情したのか、たちまちやさしくなって
「僕が方向転換してあげるから降りて」
帰る方向に車をまわして
「気をつけて無事にお帰りください」
と、全員が並んでお辞儀をしてくれた。
こうして試運転第一日目は無事に終わったのであった。
翌日は大阪市内の学校に真剣勝負に出かけるような気持ちで乗っていく。校門で二、三人の同僚が昼食に出かけるところであった。わたしを見かけると
「ちょうどよかった。一緒にお昼食べに行こう」
と誘ってくれるが、胃が膨れ上がって食欲なんて全くない。
こういう新米ドライバーの車に、同年代の学年主任が、帰りに「乗せて」といって乗り込んできた。助手席に座って器具を触りまくる。

職員会議が終わって夕闇が迫っている。わたしは暗くなるまでに帰りたい。

「ラジオはどれ？」

「知りません」

わたしは音楽なんてききながら運転する余裕がないので、まだどのボタンがラジオなのか、テープを入れるところはどれなのかも知らないのに、続けて不穏なことをいう。

「左に見えるあのマンションの五階に○○さんが住んでいるのやわ。見えた？」

わたしはいい加減に返事しながら、まっすぐ前だけを見てハンドルを握る。

高速で眠くなって困るという人の話をきくと、信じられなかったが、それから何年もせずに眠くなってからは、いつも居眠り防止用のガムを準備しておくようになった。

まあ、こうしてなんとか運転にも慣れた夏休みに、車で信州へテニスに出かけるなど、車は遊びの拡大に役だった。

それから二十数年経って、四台目の車に乗ってからは、信州や鹿児島などの遠出はしなくなったが、買い物や郵便局、友人宅、図書館へ車で行く。疲れていても車に乗ると不思議になおるのである。図書館に数冊の重い本を返しに行くのにも助かっている。

博物館や郊外のお花見、映画館などに行くには、電車に乗っていく。車は遠くより、むしろ近くでの買い物、郵便局、役所などへ行くのに便利である。回数の少ないバスを待つことなく、重い荷物も積めるので尚更便利なのだ。

車で旅行すると、同乗している友人が「ずっと運転して疲れたでしょう」などといってくれる。わたしは「全然疲れてませんよ」というのだが、相手は社交辞令だと思っている節がある。

林望氏が『毎日新聞』の「今週の本棚」(二〇〇九・一・二五)の「好きなもの」に、こう書いている。「ラリーとかスポーツカーとかまるで興味がなくただ淡々と安全に運転するだけが楽しみで、運転で疲労や屈託も癒される。そして常に自分一人で運転し続けて他人と交代するということはしない。他人の運転では気が休まらない。他人は『お疲れ様でした』とよくいわれるが、私は『いやいやこんなに長く運転して心身が休まりました』と答える……」

これは全くわたしと同じ感覚ではないか。わたしは嬉しくなって、この記事を日記に貼りつけた。

車に乗り始めてからの二十数年間は、ドライブするのが嬉しくて、テニスや旅行によく行ったが、七十五歳からは遊びではなく、生活になくてはならない交通手段となった。車を利用すると三・四件の用事が一日で片付くが、バスだとせいぜい二件である。

わたしが最も利用するのは図書館とスーパーである。特に重いものを運ぶのに都合がよいが、酷暑の夏や寒い冬に快適な乗り物で移動できるのは、老人の独立生活を維持するための何よりのツールになっている。そしてマンションを買う直前に亡くなった祖母を思い出して、車さえあればどこへでも連れていけて喜ばせたのにと残念に思うのであった。

こうして住まいも車も手に入ったのに、またも引っ越しがしたいと思うようになった。

今野さんに「西日はすだれで防げても騒音は防げない」といわれて、西向きの部屋を選んだのであったが、その通りで今度は騒音に悩まされるようになった。

夏はベランダの戸が明け放しなので、両隣の会話がよくきこえてくる。

小学校の子供がドレミファを笛で吹く練習をしているのだが、何度も間違って、ついに母親が「何回いったらわかるの。できるまで、みんなご飯がたべられないのよ！」と怒るのをきいたときは笑ってしまった。

このような会話がきこえるのは許容範囲だが、毎週土曜日の深夜から明け方まで、上階で若者が集まって話す声がきこえるのには困った。ぶつぶつという声や食器の音、笑い声などが耳につく。またそれ以上に困ったのは、毎晩一時頃、焼肉屋の従業員が寮に車で帰ってくるのだが、駐車場がないため、このマンションの植え込みに沿って駐車するのである。その際、車の窓を開けたまま大音量のロックやフォークを鳴らし続けるのであった。

毎晩睡眠が中断されて睡眠不足になった。誰かが警察に告げたらしく、何日かは警官に注意されていたが、今のように罰金をとられることはなく、平気でまた駐車するのである。

一階に住んでいる若い夫婦は寝不足で体調が悪いといって引っ越してしまった。

七〇戸程の洒落たマンションであったが、九年目にして移転を考えることになった。

ちょうどその頃は、バブルの始まる寸前であったから、このマンションの価格は上昇の気配がしていた。

(四) ガーデンハウスへ転居

一九八六年八月、深夜の騒音に悩んでいるころ、不動産会社から、いい物件があるので一度見にきて下さいとの電話があった。その二年ほど前に、ある閑静な住宅街に車で通りかかったのだが、煉瓦色のスレート屋根の二階建て家屋が並ぶ、緑に囲まれた美しい環境に魅せられ、車を下りて見せてもらった。その時の販売員から電話があったのである。

共有地も広く駐車場は権利付きで無料、二階にもトイレがあって、各部屋には循環式のガス給湯暖房機があり、その頃は先進的な団地として都市公団が分譲販売していたのである。

しかし、価格をきくと、わたしの財力では無理だと諦めた団地であった。販売員は交通が不便だったのでなかなか売れなかったが、バスが通るようになって、売れ始めたことをわたしに告げた。

二、三日して見に行くと、二百余戸の団地の外側のバス通り沿いの物件が売れ残っているのだった。

木造二階建ての角家に注目すると、販売員は反対した。

「一万冊近い蔵書を木造に置くなら、床にもう一枚強化材を入れなくてはならないから、価格があがります。知らない間に床が傾いてきて、づづーづ、どかーんと床が抜けるんです」

「でも鉄筋は高いでしょう」

「高いですが、何年もすれば、きっと鉄筋を買ってよかったと思われます」

わたしが希望する家は、団地の奥で通りの騒音が、全然きこえないエリアであるが、そこはすべて完売していた。残るのはバス通りに面した家である。販売開始から数年経っているので値引きしますという。マップをみると、あと数軒だけが残っている。

ガーデンハウスと公団が名付けたように樹木や芝生の緑が多い団地である。

各戸にも小さな庭がついている。いい換えれば庭付きテラスハウスである。

考えた末、「ねずみもち」「樫」「あかめ樫」「木蓮」「雪柳」「こでまり」など二十本ほどの樹木に囲まれた角家の二階建て鉄筋を買うことにした。

建坪は三十一坪なので本を置くには十分であり、本の重量で床が傾く心配もないというのが購入へと踏みきらせることになった。

しかし、今住んでいるマンションの借金を完済していないのに、また大きな負債を抱えることに、いささか抵抗感があったが、退職金で払えばよいという安易な楽観論に落ち着いた。

昔から老後の資金にいくらいるか、いくら貯金しておけばよいかという観念には乏しかった。年金が減少していくという未来予測なんてなく、年金があるから大丈夫という呑気さであったのは、社会も少子高齢化の問題などまだやかましくいい立てていなかったのと、介護制度はまだなかったが、社会保障がしっかりしていたからだ。

中国人留学生の多くが羨んだ。

「日本こそ社会主義の国ですよ。アメリカのように収入の格差が大きくない。社長が何億もとり、社員の平均給料が四百万円ということはないでしょう。年金で暮らせるから安心して働ける。国民皆保険制度も羨ましいです」

でも、大企業に勤めている卒業生らの給料は、わたしのそれよりはるかに高かった。

高度成長期は勿論であるが、バブルに入る前の段階でもボーナスは比較にならなかった。

公務員や教員にはなり手がなく、「デモ」「シカ」先生といわれた。つまりいいところに就職できなかった者が「先生にデモなろうか」「先生シカなれない」と、揶揄《やゆ》されたのである。

それが不景気になると俄然公務員志望が増え、公務員は給料が高すぎると羨む声がでてくるのである。

こうして九年間住んだ三国丘のマンションを買った時の価格に、ほんの少し上乗せして売りに出すと、既に不動産は上がり始めていたらしく、すぐに売れた。

ところが下見に来た引越し業者が蔵書を見て、いやな顔をする。段ボール箱に本を詰めて何箱ぐらいになるか、予想がつくらしいのである。タンスや冷蔵庫、洗濯機、テレビなどは一回運べばいいのだが、本を詰めた段ボール箱は一人で運ばねばならず、その回数が多いと腰をやられるらしい。

段ボール箱は百箱を軽く越えていたが、卒業生に応援を頼んでいたので、なんとか午前中に運びこむことが出来た。

三か月ほど経ってから用事で元のマンションの管理員を訪ねると、「もう少し待って売却されればよかったのに。百万円近くもあがってますよ」といわれた。

「それを待っていたら。買いたい物件は売れてしまって、他の物件も値上がりしていますよ」と答えた。

儲ける人は住居以外に、不動産を持っていて、機を見て売買するのである。その数年後、買った二階建て鉄筋住宅はバブルで七千五百万円まで上がった。でもこれを売っても移転先の住宅の価格も上がっているのだから貧乏人は儲けられない仕組みになっている。

バブルがはじけた後で友人がいうには

「そんな時には、安いボロアパートにでも引っ越して売ればよいのに。それぐらいの決断力がないとお金は儲けられないわよ」

だがそれ以後この家の価格はどんどん下がり続けて、今や半額以下になっている。でも狭いながらも庭があると、若い時と違って庭に愛着が生じ、椿や梅、金木犀《きんもくせい》などの樹や花を見て幸せになるのである。

今度の家は蔵書のために買ったようなものである。一一〇平方あるので、書籍の置き場には、困らないが、本棚に入らぬ本を入れるためにスライド式の本箱と三段のカラーボックスを三個買った。スライド式はすぐれもので、いろいろなサイズの本を収納できる。五段のスライド棚には東洋文庫がぴったりなのである。中央公論社からでている『日本の絵巻シリーズ』など大型本も揃えて入る棚がある。資料を入れたファイルを並べることもできて便利である。

窓のあるところには本箱が置けないので、窓の下にカラーボックスを置いた。

カラーボックスは奥行があるので単行本を前と後と二列に詰め込めるのであるが、奥に置いた本の背表紙が見えないのが、少し不便であった。

文庫専用の造りつけ本棚は、すぐに満員になってしまった。単行本より文庫の増殖が激しいのである。少しでも減らすために十五冊ほどを新古書店に持っていくと二冊はお返ししますといわれた。理由をきくと、一冊はカバーが折れていること、他の一冊は年代が古いというのである。でもこの古い方の文庫は絶版ですよ、と注意を促すと、「うちはそういうのは関係なしに、きれいな本を売っていますので」といわれて売却金二五〇円をもらって退散した。

重い国史大辞典などは、両腕で持って、椅子の上に「どさっ」とおいてからページをめくるのである。これぐらいの重量の本が突然雪崩をうって落ちてきたら負傷するか、打ち所が悪ければ死んでしまうだろう。

山川出版社から問題集を出したときや『日本史のなかの世界史』を書いているときは、「大辞典さまさま」といいながらよく利用したものである。ところが高橋是清の評伝を書いているとき、その周辺の人物の多くが記載漏れであることを発見した。

更に明治の画家「浅井忠」の評伝を書いたとき、『国史大辞典』は本当に役立たずで、明治の画家はほとんど掲載されていないのである。

一六冊ほどある国史大辞典は古代・中世はいやに詳しいが、明治時代の人事になるとさっぱり記載がないのは、近代史の専門家が編集委員にいなかったのだろうか。

やはり各方面から苦情が寄せられたと見えて、『明治時代史大辞典』全四巻を追加出版している。しかし、今さら一冊二八〇〇〇円もする本を購入する気はない。『国史大辞典』と『明治時代史大辞典』とを交換してくれないかと思う。

ともかく寝室と一階の和室に、本がないという空間が初めてできたので、お客さんに不安なく泊まってもらえるようになった。三国丘のマンションでは、泊り客が天井までの左右の本棚を不安な目つきで見上げていたのである。

(五)　カナダへ

パワフルな中国系住民

一九八九年、親しくなった川村フミさんに誘われて、夏のカナダへ行くことになった。トロントに川村さんのお姉さん一家が住んでおられるので、そこで御厄介になるのである。

七月三十日、トロント空港に六時二〇分着陸。お姉さん御夫妻が迎えにきて下さっていた。疲れたでしょうから、シャワーをあびて、自由にしてくださいとのことで、三時間ほど眠ってしまう。目が醒めると、何か赤い鳥が高い樹の上で囀っていた。蒸し暑い日本から抜け出して、爽やかなカナダにいるなんて夢のようだと思う。

スーパーに行くと、マンゴー、ラズベリー、リンゴ、梨、葡萄などのフルーツが山のように積んであって、日本のスーパーとは大違いである。

中国人商店街は漢字の看板があふれ、駐車場は中国人の車ばかりである。中国人だけを顧客にして商売が成り立っているようなのだ。

中国人のコミュニティは大きいので、英語がわからなくても、日常生活に不自由はないようだ。中国語の日刊新聞もいくつかある。市庁舎には政府のサービス機関のパンフがあるが、英語以外にイタリア語など六か国語のなかに中国語もあるが、日本語はない。

わたしは英語が苦手なので、漢字なら少しはわかるだろうと思い、数日後ダウンタウンで中国語新聞を買ったが、多くが簡体字なので読めなかった。

カナダは英連邦の国だったので、香港と制度が似通っているためか、親近感があったのだろう。カナダへの移民は一九八七年から急増して、香港返還がきまるまで増加が続き、八年後に再度カナダに行った時は、バンクーバーやリッチモンドなどでは中国系移民の増加で白人の比重が減り、中国語の広告や新聞が多くなって物議をかもしていることを知った。

実際にトロントの中国系商店街は著しく増殖していた。わたしと川村さんは、ここの中華レストランで焼きそばをとったが、量の多さにびっくり。食べても食べても減らない。

隣家にも中国人が住むようになっていた。

数日して洗濯物を干すために庭に出てきたおばあさんに、わたしは習いたての中国語で挨拶した。

「早上好！」（おはよう！）

「グッドモーニング」

おばあさんは英語で答えた。わたしはギャフンとなった。

わたしは帰国して中国人留学生にカナダの中国人が増える理由をきいた。

「日本はカナダより便利で住みやすいし、人は親切です。けど、永住するとなると日本は日本人だけの国と思うところがある。カナダは人口の半分が移住してきた人でしょう。だから永住するとなると、カナダの方が溶け込みやすいからじゃないですか」

わたしが「日本人はもう元気がなくなってしまったのでしょうか」となげくと、留学生は笑いながら、こういった。

「日本人は、自国が一番いいと思っているから、住み慣れた良い国を捨てて海外へ苦労しに行く気にはならないね。でもいい国だと安心していたら、いつの間にか悪い国になっていることもありますよ」

現在カナダの人口は三六三〇万人で日本の首都圏人口三五〇〇万人に匹敵するぐらいであるが、中国系移民は、その約二・五％を占めるようになったという。

二〇一四年七月のネット記事によると、ブリティッシュコロンビア大学のダニエル・ヒーバート教授はバンクーバーとトロントの中国系人口は三一年までに八〇万九〇〇〇人に急増すると予想している。

オタワ・モントリオールからニューヨークへ

八月二日

お姉さんの娘さん夫妻のワゴン車で、六人が今日からオタワ、モントリオール、ニューヨークへドライブ旅行をするのだ。九時過ぎにトロントを出発して午後二時半にオタワに着く。お茶とケーキで一息ついて、ナショナルギャラリーを見物した。夕食はスープとステーキサンドイッチ。ロリエシャトーホテルに宿泊。日本にも部屋の美しいホテルはあるが、立地がよくて、重厚で、こんな美しい寛げるホテルは滅多にない。わたしは寝心地がよくて、ぐっすり眠った。

八月三日

モントリオールには夕方に着き、旧市街のネルソンホテルの隣のビストロで食事。レジデンス・シタデルに二泊する。モントリオール中心街に位置する便利なホテルで窓から市街が見下ろせる。おしゃべりしたあと午前一時頃に就寝。あとで『地球の歩き方カナダ』を見ると「ホテルシタデル」は、おすすめのホテルであった。

八月五日

ニューヨークに到着。舗装に穴があいたようなデコボコ道を車が走るので、わたしたちは大揺れである。「世界に冠たる大都市ニューヨークの道路だろうが」と呆れた。

翌日はワールド・トレード・センタービルに行ったり、自由の女神を眺めたりする。わたしはこの土産物屋で「GENIUS AT WORK」(天才の勉強部屋)と書かれた貼紙を買った。帰国後、自分の書斎のドアに貼ったが、現在に至るまで、わたしがドアを指差して説明するまで、誰もこの張り紙を見て笑ったり、面白がるものはいない。

日本人はいかに英語に無関心か。そしてユーモアに鈍い。だがよく考えれば、自分もそうなのである。

八月七日

今日は各人自由行動で、十二時三十分にヒルトンホテルに集合ということになる。

わたしはガイドブックに「お土産としてお勧め」と記されていたサンデー版のニューヨークタイムスを買った。しかし、持って帰れないほどの分厚さであるため、結局トロントに帰ってから捨てたのであった。

五番街にある紀伊国屋書店に行くと、ほとんどが日本語の本である。ニューヨークの在留邦人、もしくは日本文化の研究員が買うだけなら採算はあわないのに、ここに出店した理由がわからなかった。

夕食は韓国レストランで有名な又来屋（ウレオク）に行く。ここのプルコギとネンミョン（冷麺）は名物らしい。プルコギはすき焼き風の鍋料理であったが、キムチなどの辛味はなく、肉は前もって醤油、ニンニク、梨などの摺り下ろしたものに漬けておいて、煮たり焼いたりするのである。食べてみるとすき焼きより、はるかにコクがある。

わたしはこの焼肉の味が忘れられず、後年ソウルで安物のプルコギを食べたときは、ニューヨークの又来屋のプルコギを思いだして懐かしくなった。

パン麹で漬ける漬物

八月八日

昨日はロングアイランドにある親戚のおうちで泊めてもらった。九時二十分起床。ブレックファーストは、コーヒーにオレンジジュース、ミルク、マフイン、トースト、ベーコン、ハム、餃子である。空港までワゴンで送ってもらい、午後一時十五分に離陸した。トロント空港に着陸したのは、午後二時三十分である。何と一時間十五分しかかからないのだ。

帰ったら、わたし以外はお茶漬けを美味しそうに食べられたが、わたしは機内でクロワッサンサンドイッチをとっていたのでお腹がいっぱいだった。

夕食は昨日までとはうって変わって完全な日本食である。菊菜のおひたし、茄子の胡麻あえ、とれたてトマトときゅうりのお漬物、豆腐と揚げの味噌汁である。

わたしは帰国してから知人に「カナダでは何が美味しかった」ときかれると、とりたての胡瓜と茄子の漬物ときまっていうので、川村さんは苦笑いしながら「お漬物しかださなかったみたいで、はずかしいわ」という。

もちろん日本では見られないような、大きなカルビのお肉やロブスターを一匹ごと御馳走になって感激したが、これが毎日だと飽きるのではなかろうか。

先ず新鮮であること、畑から収穫して十分もしない茄子・胡瓜をパンの麹に漬ける。したがって日本の糠漬けの臭さもなく、また浅漬けのような塩からさもない。いつもパリパリのつややかな胡瓜と画に描きたいよう鮮やかな色の茄子を炊き立てのご飯と一緒にいただくのは、最高の夏の贅沢であると思った。しかもカナダで、日本でも味わえない大好きなお漬物なのだ。わたしは毎日、ご飯の上に漬物をいっぱい載せた漬物丼を食べてみたいものだと思った。

スーパーブックストアで本を買う

八月十日

朝食後、車でヒルトンハーバーへ行き、アンティークマーケットを見物する。

西洋骨董は住居環境が違うので、ランプが面白いと思っても、それを置く適当な場所がない。磁器や陶器の大皿は結構高価であった。

ダウンタウンのザ・ビゲストブックストアで新刊本のバーゲンをしていたので店に入る。

九九セント均一であるのを見て、川村さんが「安い！」という。川村さんが買いまくるので、わたしも釣られて買う。

『ゼイ　カム　ツージャパン』『ピータパン』『ルーム　ウイズ　ア　ビュウ』『ザ　アイリッシュシニョリア』（アイルランドの令嬢）などをゲットする。

均一ではない本も買う。

『グランドマアモーゼス』（絵画）『ジェーン　オースティンズ　ノベルズ』『アトラス　オブ　ブリ

ティシュヒストリイ』の三冊で約三十ドル。

川村さんとイートンで昼食。わたしはスイス風ミートボールのミルクスープとビーフサンドにした。川村さんは、わたしが買った本を眺めて
「みな読むつもり？」ときく。

「勢いで買ったけど、きっと当分は読まないと思う」

まあ、記念でいいさ、と内心思っていたが、帰国して読んだのは、『ピータパン』を半分ほどと、モーゼスおばあさんの絵を鑑賞しただけである。

のちに「原書で読む世界の名作」というラジオ放送で『高慢と偏見』をきいて、感動したため急に『ジェーン　オースティンズ　ノベルズ』を買ったことを思いだした。それで取りだしてみると、それはジュリア・ブラウンという人のジェーン・オースティンの作品についての評論集であった。

外食は消費税が十二パーセントつくが、野菜や肉、魚などの食品や生活必需品は無税であり、交通費も日本と比較にならないぐらい安いので暮らしはゆったりしているようである。

ナイアガラでピクニックパーティ

八月十一日
七時半に起きて、おにぎりを作る。ナイアガラに行くのはわたしと川村さん、お姉さんご夫妻と娘さんの五人である。九時半に出発して二時間後の十一時二十分に到着した。

カナダの高速道路は高架ではなく、野原のなかに道路が走っているので、どこからでも高速に入ってこられるのだが、車も少なく、のどかである。

わたしはひょっとして運転する機会があるかもしれないと考えて、国際免許証を持ってきたが、カナダの地理を十分知らなければ、到底無理だと知った。

途中に日本と同様に行く先を示す標識がある。その標識は、目的地のまだ先の終点を示すものもあれば、手前の分岐点をしめすものもある。地図を周到に見て暗記しておくことが求められるのだ。

ナイアガラ近くになると滝の轟音が響いてくる。近づくとしぶきが飛んでくる。夏と思えない涼しさ。観光船が滝の至近距離まで近づき、乗客が防水用ナイロンをかぶって叫んでいる。

広い芝生のピクニックエリアにテーブルクロスを拡げて、ピクニックパーティとなる。傍の木にリスが二三匹遊んでいる。

かつをと梅干しのおにぎり、こんにゃく・ちくわ・高野豆腐などの煮物、玉子焼き、自家製のキャロットケーキ、クッキー、メロンなどが並ぶテーブルを囲む。

このような光景は雑誌のグラビアでしか見たことがないわたしは興奮した。おにぎりを頬張りながらリスが近づいてきたら、一口あげようと思うが、なかなか来ない。

もうこれ以上は食べられないというところまで詰め込んだので苦しい。

一四時三〇分ナイアガラを出発して、ナイアガラ・オン・ザ・レイクを散策。十九世紀イギリス風の上品なブティック街である。

帰宅七時。みなさんと夕食。

ケンタッキーチキン、茄子とピーマン、ちりめんじゃこの炒め煮、胡瓜の煮物、カレーの残りもの、高野豆腐と金時豆。デザートはアメリカンチエリーとカンタロー（メロン）。

老人ホーム「もみじ」

この「もみじ」は、一九九六年、二回目のカナダ滞在時に見学したのである。一回目のカナダ訪問から八年後のことであるが、印象が強くて、どうしても書きとどめておきたくなったのである。

わたしに強い印象を与えたのは、施設の廊下に、きれいな水彩で日系人家族の苦労を淡々と描いた数枚の画であった。

この画は、日系人への差別や収容所などの苦労をリアルに描いたものではない。一張羅の服をきてトランクを持ち移動する少年や、その家族の互いへのいたわりなど、凛々しい挙動が見る者に伝わる画である。わたしはこの水彩画にいうに言われぬ感動をうけたのである。

明日はトロントを去る前前日の午後のことであった。

日系の老人ホーム「もみじ」は、その名のとおり、もみじの樹を贅沢に使った広い施設である。

もみじはカナダの国旗に描かれている「かえで」のことである。

一九八八年九月二十二日、カナダ政府は戦時の日系人強制収容の賠償として、日系カナダ人コミュニティの再建資金に一二〇〇万ドルを援助することにした。

そのうちの八〇〇万ドルはヘルスケアやシニア施設などの支援に、またそのうちの一八〇万ドルが「もみじ」の建造に寄付されたのである。

およそ三百人余を収容できるが、日本の有料老人ホームのような性格ではなく、慈善事業としての性格が強い。むしろ困窮している人をできるだけ収容しようと努力している施設である。

現在はオンタリオ州政府の支援金や市民の寄付によって維持されている。川村さんのお姉さん一家も、時々サンドイッチやケーキ、お寿司などをつくって訪問されているのだ。現在は日系人だけでなく、カナダ市民にも開放されている。八十平方ぐらいが平均の広さという。

施設のレストランをのぞくと、大きなテーブルを囲んで日系人らしいおばあさんが四人、編み物をしておられる。今日の夕食は焼き魚、サラダ、味噌汁、胡瓜の漬物の組み合わせと、トンカツとサラダ、味噌汁、きゅうりの漬物の組み合わせのどちらかが選べるのだ。

施設の周りは、静かで緑と花がいっぱいである。このもみじの施設は、木の柔らかな風合いと、かすかな木の匂いがしてコンクリートの建造物にはない自然のよさがある。

夕食はみんな揃ってバーベキュー。カルビの肉が大皿二枚に盛ってあって、凄い！

カナダの肉は最高！　美味しい！　わたしは五枚もペロリと平らげた。芝生の上でこんな豪勢なバーベキューをするのは初めてなので、その雰囲気もわたしを刺激したらしい。

バナナケーキはもうお腹に入らないと思ったが、これは別口だったらしく、全部いただけた。

カナダ最後の夜、昔話に花が咲き、よく笑った。

サンフランシスコで「アクシデント」

八月十四日

サンフランシスコ廻りの航空券なので、サンフランシスコに一泊する。

二時過ぎに着くと、『地球を歩くアメリカ編』から選んだパウエル・ウエスト・ホテルに荷物を置く。

市電でフイッシャーマンズ・ワーフ・マーケットを見物してチャイナタウンをぶらつく。夕食はステーキとスープにした。

安くて便利なホテルで清潔であるが、麻薬中毒者とおぼしき人が、道路の壁に依りかかっているのが窓から見えた。このホテル周辺が治安上の境界線ではないかと思った。

夕食後、三分ほど歩いたところにあるヒルトンの最上階ラウンジでお茶をのむことにする。

ピアノのライザ・ミネリをききながら、サンフランシスコの夜景に見とれた。ピアニストがわたしたちを見て、「上を向いて歩こう」を唱ってくれる。まるで天国にいるような愉しさだった。

数分後には天国から墜落するとも知らずに、二人はピアニストに次々とアンコールをして喜んでいた。

ウエスト・ホテルに帰って、入浴していたら、突然お湯の蛇口が外れて壁の穴から噴水のようにお湯が噴出した。わたしはあわててフロントに「アクシデント　ハップン！　カムヒア！」といった。

川村さんは桶で、必死になってバスタブから溢れそうになるお湯を汲んでは、排水口に捨てている。わたしがドアを開けて廊下を見ていたら、ハンサムなポリスが腰の拳銃に手を当てながら、廊下を歩いてきたが、わたしを見ると安心したのか、笑顔で近づいてきた。

ポリスは部屋に入って上着を脱ぐと、川村さんと一緒にごみ箱でお湯を汲み出し始めたが、突然わたしの肩を叩いて、バスタブの栓を指して笑う。栓を抜かずに溢れるお湯と格闘していたのだった。栓を抜くと、たちまちバスタブのお湯は減っていった。

ポリスは気の毒に靴もズボンもずぶぬれになったのに、ずっと笑っていた。川村さんもわたしも予想外の危機に遭うと気が動転する性質《たち》なのだと知った。

翌十一時、日航のカウンターへ行く。成田行き日航機のビジネスである。ビジネスになったのは、卒業生の日航社員が、安いアメリカ周りのビジネス券があると勧めてくれたためである。残念ながら以後ビジネスに乗ったことはない。

食事は和食と洋食からチョイスでき、ワインとリキュールが出て、デザートには抹茶アイスクリームがでたのは、やはり日本の飛行機だね、といいあう。

八月十六日

成田に十五時三五分着。十九日間の夢のカナダ旅行は終わった。ツアー旅行では得られぬよい体験をさせてもらったことを川村さんに感謝した。

㈥　開高さんが死んでわたしは生き残る

五十五歳で家を買えば、誰でもそこが「終の棲家」とみなすらしい。そのことを人にいわれると「車に乗れなくなったら、駅前のマンションにかわるわ」と軽口をいっていた。

ところが五十八歳になった十一月の定期健診で膵臓に影があるので、入院して検査しましょうと医師にいわれた。学校の図書室で『家庭の医学』を開くと「膵臓がんは手術が成功しても、後が思わしくない事例が多い」とあった。それでもあまりショックはなく、どうせ死ぬにしても退職後の自由な生活を経験せず死ぬのは如何にも残念であった。わたしは、この家がやはり「終の棲家」となるのかなと思った。

入院予定の病院に卒業生の医師がいるので電話をする。

「膵臓がんは手術できても、予後が悪いとあったのですけど、そうですか?」

「その辞典は相当古いものだと思いますよ。今では部位にもよりますが、大抵の方は生存率が大きく伸びています。そんな古い辞典を学校の図書館に置いているなんて……捨ててしまってください」

わたしは少し安堵して、次に今野さんに電話した。

「膵臓の検査で一か月入院することになったので、もし何かあったらよろしくね」

「一か月とは長いね」

「一週間に一回内視鏡の検査があって、その検査はしんどくて通院できない、と脅されたんだけど」

「六十歳を超えるのは、なかなかむつかしいみたいね。開高さんは食道がんの手術のあと、声を出すリハビリに専念していて忙しいから、法学部の同窓会に出席できないって知らせてきたんだって。膵臓の手術は食道の次にむつかしいときいているけど、良性であることを祈ってるわ」

「祈ってもらうのは好きじゃない。何となく死ぬような気がするもの」

「わかりました。お見舞いにいくわ」

わたしは食道がんで亡くなった高見順を思い出して、開高さんも「闘病記」を書くのだろうかと思った。

今野さんから、お見舞いにピンクのパジャマをもらったが、二回目の検査後、主治医から悪性ではないからいつでも退院していいですと告げられた。それでそのピンクのパジャマは病院では着用しなかった。

膵臓の良性腫瘍は珍しいと医学書にあったので覚悟していたが、幸運に恵まれたことを感謝した。二週間ぶりに家に帰ると満開の山茶花が迎えてくれた。これでこの家はまだまだ「終の棲家」というには早すぎると思った。

わたしは十二月二十二日に、運よく退院できたが、開高さんは十二月九日に亡くなったときいた。生前にもう一度お会いしたかったのに残念だった。しかし、わたしにとって開高さんの小説はどれも面白くなかった。苦しいだろうなぁと思っていたが、朝日新聞社のヴェトナム特派員となり『ヴェトナム戦記』や『輝ける闇』などを出された。『輝ける闇』には「従来の作品と違って、自己の内面を描くという変化がみられる」という文芸批評を見て、わたしは期待をして読んだ。

でも、わたしの読後感は一口でいうと、手慣れたレトリックのレールにのって進む小説というより、ルポを読んだという印象であった。

黄昏の描写は凄いレトリックの連射である。

「謙虚な、大きい、つぶやくような黄昏が沁みだしている。その空いっぱいに火と血である。紫、金、真紅、紺青、ありとあらゆる光彩が今日最後の力をふるって叫んでいた。巨大な青銅器を一撃したあとのこだまのようなものがあたりにたわって、小屋そのものが音をたてて燃え上がるかと思われる瞬間があった」

読者はこの壮大なレトリックを纏《まと》う黄昏に圧倒されて、自分の黄昏の片鱗も感じることができないのではないだろうか。

また開高さんは女性を描くのが下手である。『夏の闇』や『輝ける闇』でもセックスのシーンがえんえんと述べられるが、女性の「生」が見えてこない。女は常に開高さんの「皮膚に分泌していた石灰質の殻」(氏の好きなレトリック)を落とすことができる対象物なのだ。

短篇『ロマネ・コンティ・一九三五年』は、実に開高さんらしい小説だと思った。

ロマネ・コンティ・一九三五年を飲む話である。

「古くなりすぎたロマネ・コンティは暗い赤色で、褪せた褐色にちかい。口に運べば酒のミイラであった。このワインは旅に揺さぶられたまま体をゆだねてきた。下半身四分の一は渣滓で飲めない。これほど犯され、奪われ、大破され、衰退させられていながらまだ女をみちびきだしてくる」と書く。かくて腐熟にちかい高貴なワインを味わっているうちに、かって関係のあった年増女をこのワインから思いだして、その女との性行為を延々と書いている。古いワインの味合いを、この年増女との性行為に重ねているのだろうか。開高さんはヴェトナムや外国でのセックス描写は、大体がこのパターンである。作家は女性経験の多少に関係なく、性描写に巧拙があるが、開高さんは濃密な描写でもどこか生硬で、女が書けていないように思われる。

ロマネ・コンティは豊熟をすぎて、褪色してしまったが、開高さんは豊熟になる前に減してしまったのである。ロマネ・コンティというワインは一〇〇万円から三〇〇万円する稀少なワインというが、これを飲んだ人は大体において「あまり美味しいとは思わない」というらしい。

わたしは開高さんの小説よりエッセイやノンフィクションが好きだった。大岡昇平、武田泰淳などとの対話（『人とこの世界』雑誌「文芸」連載）を読んだとき、ここまで切り込んで核心に迫るような問いを発する人は、そういないので感嘆した記憶がある。

また、魚釣りの紀行は楽しかった。写真をみると美酒と美食のせいで、ジャングルや沼地の多いアマゾンをよく歩けるものだとおもう体型であるが、大きな魚を抱き、嬉しそうに笑っている無邪気な顔は、はちきれんばかりに輝き、生きる歓びを発散していた。

それにしても五十九歳の死は早すぎる。八十歳ぐらいまで生きていれば、作風はまた変わったかもしれないと惜しまれる。

㈦　ハッピイ定年！

定年退職はしたが、週三日出勤する非常勤講師になった。毎日が日曜日になるわけではなく、慣れた職場に時々行って、給与をもらえるのは経済的にも健康にもよいと思った。

しかし、退職金から共済組合で借りたローンの残額が引かれていたのは仕方がないのだが、借りた時の利率が五パーセントだったのに、利率が小数点以下になっても十年以上、そのままにしておいたのを悔やむと、友人は「アホやな」と笑った。それにまだ公団住宅の公庫からの借金も残っているので、本当はハッピイ！とはいえない状況下にあったのに、自由の身になったことは、日々実感できて嬉しかった。

朝起きて、ベランダのカーテンを引くと、やわらかくて明るい光のなかに、金木犀や椿の新芽の輝き、水仙やチューリップの花が咲いている。それらを眺めながらコーヒーとサンドイッチ、ヨーグルトをゆっくりととる。折りたたんだ朝刊を開くときの感触は、今日一日の始まりを告げるのである。時間を気にせずに記事を読める幸せ。庭の土をすり鉢状に掘って、身体を擦りつけている雀を観察する余裕もできた。

気持ちのよい空気を外で吸うため、庭に椅子を持ちだしてギッシングの『ヘンリ・ライクロフトの私記』を読む。ギッシングが静かな田園地方の家に住み、四季の移り変わりを愛《め》で、林を散歩し、気が向けば執筆しながらお茶を楽しむという生活を理想としていたことは、これを読めば詳しくわかる。わたしは最初に読んだ時、ギッシングとライクロフトは同一人物と勘違いして、「ああ、やっとギッシングも晩年は遺産が入って憧れの生活ができるようになってよかった」と安心したのであった。しかし、よく読めばヘンリ・ライクロフトは架空の人物であることがすぐわかるのだが、ライクロフトはあまりにもギッシングの憧れと理想を乗り移した人格に造られているので、そう思ってしまったのである。

ギッシングの「自分の家」を持つということに対する強い憧れは、次の文に表現されている。

「『家』をもつということの、なんともいいようのない祝福感！　三十年間も想像をたくましくしてきたものの、いつまでも『わが家に住める』という安心感のうちに、なんというしみじみした豊かな喜びが潜んでいるかということは、ついぞわたしには理解できなかったものである。……わが家に住むとき近くにあるあらゆるものに対して、いかにわれわれに愛情がわいてくることであろうか。……まずわが家だが、その一本の木、一個の石も自分の一滴一滴の血のように親しみ深く感じられる」

これが書かれたのは一九〇二年、日露戦争の二年前であり、あのヴィクトリア女王の時世であるが、大英帝国の国民でも植民地官吏や一部の資本家以外の庶民の生活はまだまだ貧しかったのである。

身を焦がすほど書斎のあるわが家がほしかったギッシングの著作を、小さくとも自分の家の庭で読めるわたしは何たる贅沢なことをしているのか、と望みが叶えられなかった貧しい時代の人々に

「すみません」と心のなかで謝った。

　ところが、のんびりと過ごしていた数日後、今野さんからの電話でストレスの生じる話が舞い込んできた。

　梅田にある市大の文化交流センターで「女性の現在の状況」という内容で講演してほしい、その日は四月二十七日です、といわれた。

　これをクリアしないと、定年の春を満喫する気分にはなれそうもない。生徒以外の大勢の人を前にして話したことがない。「ジェンダーはあまり関心がないので、講演などできません」と断ると、今野さんは決然とした口調で、こういった。

「十日市さんは松本先生のゼミだったから、あなたも知ってるでしょう。あなたのいわば弟弟子にあたる人なのよね。朝日放送の報道部長していらっしゃったんだけど、大阪にもっと文化を興す運動されてたのよ。ところが癌になって入院されたの。亡くなる前に病院から、蚊のなくような声でわたしに電話してきて、企画委員をお願いしますといわれて、断わりきれなかったわ。あなたも、これは断れないはずよ。十日市さんの遺志を継いでね」

　十日市さんとは、個人的に親しく話したことはないが、松本三之介先生が集中講義で関西に来られるたびにゼミで集まって食事会をした。その時に挨拶程度のお話をしたぐらいであるが、一つだけ記憶に残っているのは十日市さんが先生に
「東大に行かれて、日頃感じられる東大生の特色って何ですか」ときかれたことである。

先生は「一つは、早口だね。それと楽器が何かできる学生が多いですね」と答えられた。それをきいたわたしは、やはり東大生は金持ちの子弟が多いのだなあと感じたのだった。わたしは、しぶしぶ「前向きに考えることにする」と答えてしまった。するとすれば女子教員のことにしようと思った。

常日頃、「生徒は女子教員をどうみているのか」そこに問題点を探りたいと考えた。急遽わたしは、生徒に女子教員について日頃感じること、考えることを書いてもらった。

約一二〇人の回答を集めて読むと、次のような感想があった。

「自分の子供の自慢をする。うちの子なら云々など」「家庭のことで欠席が多い」「管理職が少ない」「同性として相談しやすい」「美人の女の先生になると嬉しい」「担任が女性だと細かく指導してくれる」「進路指導が女性教員だと少し不安である」などいろいろあったが、「なにも感じない」という回答もかなりあった。

また教員志望の女子生徒は、自分の将来の職業として観察している者もあり、結婚しても退職せず共稼ぎするには、教員が最適だと思うと述べて教職につきたいと記していた。

しかし、これらの感想文を生かした予定の講演は、話す順序を間違えたり、具体例をあげるのを忘れたりして、二時間の予定が一時間半で終わってしまった。

仕方がないので聴講の方々に「質問はありませんか」というと、たくさんの手が挙がったのでほっとする。ただし、その質問はフェミニズムに関するものではなく、昨今の高校生の実態を非難したり嘆いたりするものであった。

わたしはこういった。

「社会が嘆くべき状況にあるとき、学校だけが良いということはありません。学校も社会の中の一つなんですから。何か生徒に問題が起れば、メディアはすぐに校長の談話を求めますが、家庭に責任はないのでしょうか」

すると、もう誰も質問する人はなくなった。

五　六十歳からの中国語

㈠　北京での研修

さあ、これからの後半の人生をどう過ごすか。

頭の体操に中国語を勉強することにした。中国語を選んだのは、隣国中国は近い将来米国と肩を並べる大国になる。アジアの一員として中国と疎遠になるのは、地政学的にも無理がある。わたしは横文字より漢字が好きというような理由からであった。

電車で一駅のところに、留学生を講師にして、レベルに応じたクラス編成がなされている教室があった。一駅といっても駅までのバスは、三〇分に一本なので、夜の教室に通い続けるのは難しい気がした。

中国語を習いだして間もない一九九四年の夏、毎日コミュニケーションズ（現マイナビ）が募集する「精華大学社会人集中講座十日間」に川村さんと参加することにした。北京空港には大学のバスが迎えにきていた。予定表をみると万里の長城などの見学日を除いて、講義は早朝から夕方までである。

参加者十一人が自己紹介する中国語をきいて、三人の教官がわたしたちを三クラスに分けた。川村さんとわたしは一番下のクラスに入れられた。わたしたちの先生は、郵電大学大学院生の眼鏡をかけた丁《でん》さんというやさしそうな学生と、北京大学の力系研究科の李紅《りほん》さんという知的で美しい女性である。夫君は北京大学の哲学系で子供が一人いるとのこと。丁先生の授業は听力（聴く力）を主とし、テープの中国語会話をきかせたあと、その内容について質問するという方法である。これは听力（聴く力）の向上によい方法だと思ったので、テープを一セット購入したが、いまだにきいたことがない。二人ともやさしくて熱心である。しかし、わたしたち下級クラスにとって与えられたテキストは程度が高すぎた。李先生は、わたしたちの発音がおかしいと、横にきてオーケストラの指揮者のように手を振って四声《しせい》の上げ下げを正しく示そうとされるのであった。

午前三時間、昼食後にまた三時間の授業があり、終わるのは四時半である。下級クラスは更にまた四〇分も余分に授業があるのだった。

それでも、楽しい気分で勉強できたのは、試験がないことや、先生の熱心さにうたれたのと、半分は遊びで来ているという気楽さである。

ある日、授業中に雷雨があり、雨は夜まで降り続いて肌寒いほどになった。宿舎への帰りに濡れたのと布団を出すのを面倒がったため、風邪症状が出てきた。微熱があり喉の傷みがだんだんひどくなって、喉にビー玉があるような感じになった。宿舎の隣に木造の大学病院があるので、そこで診察をうける。五十代ぐらいの女医さんが診てくれて、のどが赤くただれているといって、薬を三種くれる。薬袋には「康泰克」（コンタック）、螺旋霉素片二箱（化膿性扁桃炎用効能薬）、含片（トローチ）と書いてあった。

四九元を病院に支払ったが、外国人なので中国人の十倍だそうだ。でも精華大学の単位（職場を中心とする生活の場）の人しか診てもらえないので、設備は清潔でレベルも高いのに、来院する人は少ない。ただし、職場の責任者の証明があれば無料だという。

風邪を引いたのはわたしだけではなく、一人の若い女性がひどい熱だという。翌日は天安門での自由行動だったが、毎日コミュニケーションズのコンダクターが、

「自分も少し風邪気味なので、大事をとって今日は外出せずに休みます。あなたも休息していたほうがいいです」という。

わたしは自由行動の時に立ち見でいいから、本場の京劇をみたいと思っていた。

「前門の京劇が見たいのに残念です」

「ぼくは少し眠ってから、調子がよくなったら京劇だけ見にいこうと思ってるんです」

ということだったが、結局行かなかったらしく、お昼頃に「葡萄を露店で買ったから食べにきて」とよばれる。

手にとった葡萄は粒は大きいが日本より甘くなく酸っぱい。しかし、これが本来の味で、日本の

果物は加工されすぎている。それだけ手間もいって、高価なのではないかと思った。

小ぶりの西瓜が町角で山のように積まれて売られている。水の代わりに一切れを買うような感じである。地面に積んだ西瓜を一つ手にとると、割ってかぶりつく人が多い。

食後のデザートには、いつも西瓜がお皿に盛られて出てくる。昨日一元（十四円）で買った哈密《はみ》瓜《うり》は西瓜より甘くて少し高価である。哈密瓜はウイグルなど西方に産するメロンの一種である。

先生たちは講義に必ず瓶に入れたお茶を持参してよく飲む。先生だけではなく、バスの運転手、事務員などほとんどの人がガラス瓶のお茶持参である。瓶は十センチから十五センチの高さのジャムなどが入っていた空き瓶を活用している。

日本人が自販機で飲み物を買うのは、経済的でないうえ、健康にも悪い。また空缶処理に費やす労力とエネルギーを考えると、中国のほうが合理的と思えるのだった。それにつぎつぎと街角や公園、商店、駅に立ち並ぶ自販機は醜悪である。古い街並みを描いたり、写真を撮りたいと思っても、自販機が邪魔になるのだ。自販機がこれほど普及したのは、便利さであろうが、これがあるのは日本だけだろう。

大学構内のごみ収集は、馬が引く荷車に積んでいた。

講義の最終日の夜は、各班の世話役の職員が住む宿舎を訪問することになった。わたしは五人の研修生と劉さんの宿舎を訪ねた。二階の窓から奥さんと犬が顔を出していた。娘さんとの三人家族で三部屋である。家賃はただという。

会話は半分もわからなかったが、劉さんは「留学生棟は私が管轄しているので、留学生でなくても、部屋が空いていたら泊めてあげるから、連絡しなさい」といってくれた。

最終日の送別会では「茉莉花」を唱った。こうして十日間は瞬く間に過ぎ、中国国際航空で午後一時関西空港に着陸した。

(二) 中国語サークルをひらく

帰国後は何だかぼーとして、夜の中国語教室に通うのが億劫になり、自宅で希望者を集めて中国語のサークルをつくることにした。

わたしのよびかけで、自宅に十人ほどの受講者が集まり、講師は大阪市大院に留学中の于《い》さんにお願いする。毎週二時間の会話を中心にレッスンをうけることになった。

四声が難しいがこれをマスターできなければ、発音は同じでも上げ下げをあらわす音程の四声を間違うと、意味が違ってくるのでテープをきいて、何度も練習しなければならない。

Ｙｕ（ｉイ）という発音でも、四声によって「雨」か「魚」か意味が違ってくる。

みんなよく間違うので、笑い声が絶えない。教室は和気藹々で先生も楽しそうである。

「老鼠《らおしゅう》」は「ネズミ」のことときいた一人が「それでは老いたネズミのことは、どういうのですか」ときく。

「ある種の動物につけています。老虎《らおは》もそうですよ。老いたトラという意味ではないのです。老いたネズミは老老鼠といいます。老は敬意を表しているのです」

と講師は笑いながらいう。

儒教の老人を敬う伝統は、こういうところにも残されているのかと感心した。

この頃わたしは清国最後の軍機大臣張之洞《ちょうしどう》に強い興味を抱くようになっていた。

それは高橋是清が北京で張之洞と会った時に、今まで会ったどの中国人とも違う清廉な印象をうけたと語っていたからである。わたしは会話よりも中国の本を読めるようになりたいと願うようになった。

翌年四川省の旅行ツアーに一人で参加した。自由時間を利用して西安の書店に行くのが目的である。街を歩いている女子高校生二人を呼び止め、習いたての中国語で話しかけた。

「書店はどこですか」

「ええ？　何ですか」と、怪訝な顔をして、高校生二人は顔を見合わせる。

書店の「書」の四声が間違っているので、なかなか通じないのである。

「一冊の書の〝書〟です」と四声を正確にいい直すと、二人は途端ににっこりして書店に案内してくれた。

大きな倉庫のような書店の暗い棚に、何と目的の『張之洞伝』が『李鴻章伝』と並んであるのが、すぐに見つかった。

しかし、日本のように選んだ本を手に持ってレジに行くことはできない。近くの服務員にこの本が欲しいと示して取ってもらい、伝票をもらってレジで支払いを済ませて、その領収書を服務員に渡して、初めて本を自分のものとして持つことができるのである。

この二冊は、粗悪なわら半紙に印刷された本で装丁も悪い。しかし、本の厚さに比して軽いので持って帰るには都合がよい。

帰国すると、わたしは自分の実力を顧みず、はるかにレベルの高い本である四川人民出版社『張之洞伝』をいきなり読むつもりになっていた。辞書を引き引き読むつもりだったが、今まで使っていた中日辞典は役にたたないので、愛知大学刊の『中日大辞典』を買った。『中日大辞典』の小さな漢字ばかり上から下まで、ぎっしり詰まったページを見ていると、視力が落ちていくのを自覚するほど疲れる。

それでも続きが読みたくて『張之洞伝』を一ページ、二ページと読み進むのであるが、六ページあたりからお手上げとなった。そこで大学の王先生にお願いして中国史の知識のある留学生を紹介していただいた。

『張之洞伝』

王先生が紹介して下さったのは、市大大学院に在籍している葉《いえ》さんであった。葉さんには隔週に来てもらうことにした。葉さんは女子大の中国語講師をしているので収入もあるし、自分の勉強にもなるので報酬はいらないといわれたが、まさか無報酬で来てもらうわけにはいかず、交通費なしの報酬にしてもらった。

こうしてわたしはある程度読んでわからない箇所をまとめて、半月に一回教えてもらうことにした。

中国の歴史ものを読むときは、辞書とともに歴史事典が必要であったが、これは阪大院に留学中の范先生を通じて中国の夫君から中国歴史大辞典全三巻を送ってもらうことができた。范先生は于《い》さんが中国へ帰国後に、この教室の講師になってくださった方である。

范先生は日本人的な気質のある穏やかで上品な先生であった。しばらくして来日された夫君が、「日本の印象を一口で表現すると方便！（便利）」だと、いわれたときき、わたしはなるほど、適切な日本の印象だと感心した。コンビニ、自販機、隅々までめぐらされた交通網、カフェなどすべて当時の中国にはないものであった。

㈢ 中国で本を買いまくる

辞書を引きながら張之洞の伝記を読了したのは半年を要した。

ともかく一ページにつき単語を十語は引くのであるから、読む速度は当然遅い。漢文式に読むと、案外わかるということも発見した。

しかし、歴史読物はやはり難しく「闈《い》姓」の意味が辞書を見てもわからず、葉さんにもわからず、来日中の蘇州大学の先生にお尋ねしても、大辞典に載っている通りの答えしかかえってこなかった。

それでは文章の意味が通らないのである。

ところが、しばらくして違う著者の『張之洞全伝』を読むと、郷試の年に合格した挙人の姓をどれだけ多く当てるかという一種の賭博なのだと分かったのである。

葉さんに『全伝』のその箇所を示すと、

「あっ、そうか！　僕も知らなかったので、とても勉強になりました。中国人でも歴史的知識がないと、わからないのですよ」といった。

初めに読んだ『張之洞伝』は論文的であったが、後で読んだ『張之洞全伝』は、やや物語風で之洞の日常生活も具体的に述べられていて、前者より早く読めた。

それでも二冊を読むだけで一年を費やしたのである。

張之洞はこの賭博の資金を清仏戦争の戦費にした。兵士の手当を厚くし、糧食・弾薬などの供給を十分におこない、ヴェトナムでフランス軍を大敗させた。フランス軍に勝ったのは張之洞の軍隊だけであった。

ただわたしは、張之洞の周囲の人物にも関心がわいて、彼らについても知りたくなった。

二〇〇二年四月、北京へ本を買う目的で行くことにした。当時の為替レートは一万円が約七一四元である。

夕食は宿泊している新北緯飯店でとる。このホテルはもと天橋飯店といい、清朝時代には曲芸や賭博場、飲食店がひしめきあっていたところで、近くの菜市口は刑場であった。

今は静かな住宅地でホテルの前には、きれいな病院がある。

ここから地下鉄和平門駅までは徒歩で三〇分もかかるが、途中にある琉璃廠《るりちゃん》で骨董や文具をひやかす楽しみがある。琉璃廠は明の時代に宮殿の瑠璃瓦を焼く工房がたくさんあったところだが、今では書画骨董、筆硯墨紙などの文具や古書を売っている店が多い通りである。通りは清時代の様式の店舗が並んでいて、ちょっと清の頃に戻ったような感じがする。

地下鉄に乗って立っていると、すぐに声がかかり席を譲られる。歩ける幼児は親が立たせて席を譲ることを教えているのには感心する。

翌日は西単商場にある北京図書大厦に行く。紀伊国屋以上の大きな書店で、本が日本と同じように溢れていた。ただ前回北京に来た時と違って、日本語関係の書棚の前は閑散としていて、英語関係の書棚の前は若者が群がっていた。

二年前の薄暗い西安の本屋とは雲泥の相違である。紙質も飛躍的によくなり、造本もしっかりして綴じ目が開きやすくなっていた。

わずか二年で中国の経済が飛躍的に発展しているのは、書店だけに限らず百貨店、その他の商店、道路、車の増加、人々の服装などで、目を見張るほどである。わたしは早速に歴史関係のコーナーに行き、『張蔭桓《ちょういんかん》日記』、『翁同龢《おうどうそ》日記』、『盛宣懐《せいせんかい》』、『江南綵衣堂―翁同龢家族文化史』、『奇人辜《ぐ》鴻銘《こうめい》』全三巻を購入した。帰り道に琉璃廠の古書店でまた『袁世凱《えんせいがい》家族』『李鴻章官場技術と人際権謀』を買った。古書店といっても日本の古書店と違って、「古い時代のことを書いた書物」を売る店ということらしい。

表紙がハードでなく、紙も軽いので十冊買ってもそう重くなくてキャリーに詰めて曳いて帰れた。目抜き通りの店にある洋服の値段は、日本とあまり大差がないが、書籍はまだまだ日本と比較して安い。紙や装丁は劣るが専門書でも二〇元から二五元である。日本円になおせば、三百円から四百円といったところなので、今のうちに買っておこうという気がするのである。

五時頃、前門の老舎茶館に行く。この茶館は京劇の有名な劇場である。清朝時代の雰囲気が微かに漂っていて、二胡の演奏をききながらお茶をのんだ。

テーブルの一つには、一九九二年、日本の海部前首相が座った席と刻書されていた。

六時半から京劇「覇王別姫《はおうべつき》」が上演されるのだが、遅くなるので、売店で清朝末期の古い写真や

動きのある中国の剪紙（筆者所蔵）

絵葉書を買って帰った。
翌日は恭王府に行く。恭《きょう》親王は咸豊帝《かんぽうてい》の異母弟で、一時は西太后と並んで政権を掌握していた人である。庭園は広いが十分管理されていない。記念館を作るほどには資料もそろわず、度重なる戦火や略奪で内部の財宝も失われ、展示するほどには至らないのだろうか。
しかし、皇族の邸宅がどんなものか大体わかった。この付近の胡同は金持ちか地位のある人物が住んでいるらし

く、門が閉ざされ、門の両側には獅子のような彫刻の置物がある。

鼓楼大街駅で下りて、孫文夫人だった宋慶齢故居に行く。

ここはラストエンペラーとなった溥儀《ふぎ》の生家であったが、革命後宋慶齢の住居になったのである。よく整った記念館である。書斎の本箱に『日本百年の記録』があり、一階の展示室には日本の絞りの着物が展示してあった。

清末に交通大臣で日本とも関係の深い盛宣懐の別邸が竹園賓館（レストラン）になっているので昼食はそこでとりたいと思い、道をききながら胡同の路地を歩いていると、荷車を曳いた小母さんが「もうすぐだよ。ここに座りな」と、荷車に乗ることを勧めてくれる。

竹に囲まれた竹園賓館についたのは二時だったので、お腹がぺこぺこである。

メニューから、よくわからぬままに「西紅柿黄瓜鶏蛋湯」「江焼茄子」「北京水餃子」などを注文する。食べるとみな美味しい。日本円で約千二百円である。もっとも、ここは一流レストランであるから、実に安いというべきであろう。

ところで、わたしは日本語の本が横書だととても読みづらい。書店で棚から抜いた本が横書だとわかると、興味がある題名なのに棚に戻してしまうのである。まだ小説で横書のものは、お目にかかったことがないけれど、きっと読む前に拒否感が働いてしまうだろう。

それなのに横書きの中国語の分厚い本を抵抗感なしに読むのは何故なのだろうか、と考えてしまう。それは外国語として読むので、英語と似た感覚で受け入れてしまっているのかもしれない。

日本語でも論文や歴史の教科書は横書である。三五〇ページほどあるが、比較的行間が広く、挿絵が各ページにあるので、抵抗感なしに使用していた。

中国語はローマ字を基本にした「ピンイン」という発音記号があって、漢字の上にその記号をつけると、西欧圏の人は漢字よりそれで中国語を覚えるのである。だから会話は西欧人の方が漢字に頼りがちな日本人より早くマスターするのだときいた。

世界語になるためには、日本語も横書にしたほうがいいのかもしれないと思うが、古典を横書きにするには困る点が多々あるのではないだろうか。例えば漢文訓読用の返り点などをつけるときはとても見ずらい。また他にも日本語は中国語より複雑で、むつかしいところがある。

漢字はいろいろな読み方があって、日本人のわたしでも間違う。

近頃は敬語をやたら使いすぎているのではないかと思う。それに加えて「箸」は「お箸」というが「橋」には「お」をつけない。また「お店屋さん」「八百屋さん」「本屋さん」「お医者さん」「運転手さん」などと「さん」もつける。中国人は戸惑ってしまう。日本語は階層社会のことばなのだ。

わたしが北京から帰ってしばらくすると、上海から帰ってきた葉さんから、お土産に人力車の置物と新刊『張之洞与近代中国』をもらった。

「これ、最新刊ですよ」という。著者を見ると、やはり複数である。

小説は一人の著者の名が記されているのに、歴史関係の本はどうして複数なのかと、不審に思っていたので訊ねた。

「評伝や伝記は、どうしていつも複数の人が書いているのですか」

「問題があったとき、複数の方が何かと相談できるし、責任も軽いように思うからですよ」

葉さんはわたしが関心を持っていそうな本や文献を心にかけていてくれる。

葉さんは大学の中国学文献コーナーから、張之洞《ちょうしどう》の幕僚であった辜鴻銘《ぐこうめい》の文献などをさがして持ってきてくれる。わたしは、だんだんと受験生の気持ちになってきた。

現代の中国人が書いた評伝は、辞書を引き、わからない箇所を留学生に教えてもらいながら、何とか訳できるが、清朝時代の人物が書いた日記や公文書類などは、日本の江戸時代の人物が書いたものと同じくらい読みにくいのである。汲古書店の『清末民初文書解読辞典』という一五〇ページ程の本は、少しは参考になるが、それだからといって読めるものではなかった。

「日本語の上手な中国人でも、新聞や雑誌はほとんど読めません。書くのはもっと難しいです」

と葉さんはいう。

「日本人でも、昔の人が書いた日記や漢文をそのまま読める人は少ないですもの」

というわたしに、葉さんは頷いて曰く
「清代の人の本は中国人でも専門課程で勉強しなければ読めません。日本語の上手な中国人といっても、ガイドは毎日同じことをいうのだから、上手にきこえるだけですよ。ちょっと他のことを訊いたら答えられない人が大勢います。留学生でも新聞を自由に読みこなせる人は、ほとんどいないでしょう。僕は日本語を勉強する上でいやなことは、日本語化された英語が多いことですね」

大連で弁護士をしている元留学生の于《い》さんは、わたしが関心を持っている分野の本をインターネットで探して送ってくれた。

「代金はいりません」とメールがくるが、そういうわけにもいかず。郵便局で為替の送金を頼むと、中国とは為替協定がないので、一旦ドルに替えて送金するので、とても高くつくという。仕方がないので。日本の紙幣を手紙の中に封入して送ると、一度目は無事に着いたが二度目の送金は手紙とともに着かなかった。

ところがインターネットで調べると、日本国内で中国語書籍を取り寄せて販売している書店があることを知る。有名な内山書店などもそうである。

注文すると、送料だけがプラスぐらいの価格で自宅に郵送されてきたのにはビックリした。わざわざ中国に本を直接注文すると、本の価格の二倍以上もとられるということがわかった。

ともかく本棚二段は、中国語の文献と日本語の中国関係書が五〇冊ほどになり、他の本を駆逐していった。

江坂の東方書店にも文献を探しにいった。目的の文献はなかったが、絶版になっている奥野信太郎『北京随筆』（東洋文庫）を手に入れた時は有頂天になった。しかも新刊で手垢もついていないピカピカの箱入りである。奥野氏は戦前の北京の食や風物を絶妙の筆で語っている。

「われわれが幼児から親しんできたなつかしい物の音が東京の町々から消え去ったが北京の胡同には、その鬱蒼と茂れる老樹とともになおこの種のものの音が今日いと健やかに生きいる」と述べて、音を如実に語るのである。

ところが、家庭教師の葉さんが家庭の事情で上海に帰ることになると、中国の本を読むのは難しくなった。自分一人で読めなくはないが、大体の意味がつかめる程度なのである。知り合いの中国語の講師をしている中国人に分からない箇所の翻訳を頼むと、日常会話はできるが、日本語の新聞も小説も読む能力がないので、日本語に翻訳できないのである。

「大体は、こういう意味です」といってくれるが、その程度なら、わたしでもわかるのである。つまり、書き言葉に使う日本語の語彙を全くといっていいほど知らないので、日本語に直訳できないのだ。また清朝時代の歴史の知識がないので、できないのだった。

家庭教師を失って、中国語の本を今までのように読破していくことは困難になった。

この時ちょうど七十歳になったわたしは、自宅で続けていた中国語サークルを解散する潮時ではないかと考えるようになった。それは教室のある日に受講する友人たちを駅まで車で送迎していたが、古希を越えてみると、往復四キロの運転であるとはいえ、もしも事故を起こせば、取り返しのつかないことになると考えたからである。

㈣　自費出版社の懸賞に当選

二〇〇五年、自費出版社が新聞に原稿を募る広告を出していた。

フィクション・ノンフィクション・エッセイ・ポエトリー・ビジュアル各部門での優秀作には賞金がつくこと、全体の最優秀賞には百万円の賞金が出るとある。

自費出版はお金がないので考えたことはなかったが、張之洞の評伝を書いてみたくなった。百万円の賞金が当たるとは、かけらも思わなかったが、自分の書いたものが、どこまでの評価をうけるのかを知りたくなった。勿論運がよければ各部門の優秀作に与えられる賞金に当たれば嬉しいという気持ちもわいてきた。

そこで「清朝最後の軍機大臣張之洞」のワープロ原稿を送ってしばらくすると、第一次審査通過という通知があり、続いて第二次、最終審査と続き、最後は奨励賞三万円という結果に終わった。口の悪い卒業生は、わたしからこの話をきくと、「三年かかって書いて、一年一万円じゃないですか！」と嗤《わら》った。

その後、出版社から出版の勧めをうけたが、お断りすると「五四〇〇を超える応募作品の中から選ばれたのですから、自信をお持ちになってください」といわれた。しかし、付け焼刃的な中国語の知識で、よく賞がもらえたものだと恥ずかしくなり、とても公刊する勇気はなかった。もっと中国語の本を読まなければダメだし、中国人の伝記や評伝などを書くときは、中国人でも難しい古文を読めなければならない。評伝ではなく自分の意見を挿入したかなり物語風のものでなければ書けないと思った。

この頃、中国では反日運動が激化していた。

原因は小泉首相の靖国参拝から始まったというが、上海総領事館への投石、日系商店の破壊、デモの暴動化は北京や成都・広州などいくつもの都市に広まっていた。

中国語を勉強していた人達のなかには、嫌気を起こして止める人も出てきた。その反日運動が高まっている最中に、大連の于《い》さんからメールがきた。

「国同士が争っても、僕たちの友情は永遠です」

わたしはそれを見て、心が温かくなった。

于《い》さんは日本企業数社の顧問弁護士になっていたが、わたしにこういって嘆いていた。

「日本人は本当に人がいいというか、相手が日本語を話すと、すぐに信用してしまうところがあります。僕は事件になると費用や時間もかかって大変だから、できるだけ事件を未然に防ぐようにしているのです」

新聞には大連だけは反日デモはおこらない、と書いていたが、二〇一二年の尖閣諸島の国有化で起こった大規模な反日運動のさなかでも、大連はその渦にのまれていなかったことは確かである。その理由は日本に留学していた人達が多いこと、日本企業の進出が多く、そこで働く多くの市民が素顔の日本人を知っているだろうとメディアは述べていた。

六　初めての出版と最後のお勤め

(一)　最初の出版

あと古希まで数年という頃、わたしは現役時代における授業中の生徒の質問を整理して一冊の書物にしたいと思い始めた。

彼らの質問は非常に面白くて、なかには学界の盲点を衝くような問があった。その場で答えられず、あとで一部をプリントにして配布したが、生徒に約束した回答は未だ果たせていなかった。

三一書房の畠山さんが大阪に来ると電話で呼び出されて食事を一緒にすることがあった。この頃良いタイミングで会うことになり、つくりかけた原稿の一部を見せて意見をきいた。

見せた原稿は古代史における質問の一部である。

「日本ではどのような人が奴隷にされたのか。ローマ、中国との奴隷制との違いは何か」「宦官はなぜ日本にいなかったのか」「白村江の敗戦後、新羅や唐が進攻してこなかったのはなぜか」「鑑真はなぜ密航したのか。また鑑真を連れてこなければならなかった理由はなにか」

畠山さんはその原稿を黙って読んでいたが

「これ、面白いわ。全部書いて送ってよ」といってくれたので、翌年『日本史のなかの世界史』として上梓することができた。

この本は「学校図書館協議会の推薦本」の一冊にあがっていたが、最近では立教大学の『教職研究』で「日本史の世界史的理解のための実践的ヒント」として、この本が例に示されている。

しかし、高橋是清の外債募集についての記述が十分でなく不満が残った。

『高橋是清自伝』は『福翁自伝』を凌ぐ面白さであるが、外債募集に成功して帰国の途につくところで終るのが、残念であり物足りなかった。

調べているうちに、高橋是清の政治家というより人間的魅力にはまり、もっと広く資料を収集して、彼の生涯にわたる評伝を書いてみたいと思った。

幸い大阪市大には二五〇万冊の蔵書を有する全国有数の図書館があるので、そこの書庫で過ごすことが多くなった。

書庫に入ると目的の資料以外に、前から探していた書物やアレッと思うものが見つかるので、読み始めると面白くて知らない間に時間が過ぎてしまうこともあった。

高橋是清関係の出版物は絶版の物が多いので、借りて帰って必要な箇所をコピーすると、そのファイルはどんどん増えて、棚を占領していった。コピーしたあと皮肉にも、絶版だった深井英五『回顧七十年』や高橋是清『随想録』が再版されて悔しいおもいをしたこともある。

原稿を書きおわって、石橋湛山が社長であった東洋経済新報社に目次を送り、読んでみてもらえるかどうか、うかがうと、幸いにも原稿を見たいといわれた。それからは担当の編集者もきまるというスピードで出版がきまったのである。

『エコノミスト』の書評

八月二六日、同窓会の幹事をしている友人が、『エコノミスト』に後藤新一氏がわたしの著書の書評を載せておられると知らせてくれた。わたしは書店から七月二〇号を取り寄せて読んだ。

その書評は大体次のように三つにわけて評価してくださっていた。
①著者は是清の資料から彼の人間性に深い魅力を持つようになり、従来の「財政家」としての是清では見られぬ人間像を描いている。それは前半生で森有礼・フルベッキの感化をうけ、前田正名との出会いが是清の人格を形成したのであると述べている。
②著者は勉強家の是清がケインズの早期の論文に早くから目を通し、その理論を実行したことを強調している。ニューデイル政策やナチスに先だって、総需要の喚起により不況からの脱出をはかるケインズ政策を実行して、成功したのは現実を見る目が、すでにケインズの域であったと述べている。
③少年時代にサンフランシスコで奴隷に売られた経験から、中国人への蔑視を憎み、中国との平等・

公平な提携論を持っていた。一九二二年「東亜経済力樹立に関する意見」では「中国への政策は日本の将来の興亡を賭けているものだ」と明言しているが、その予言は的中した。日中戦争は太平洋戦争へと拡大し日本は破滅した。

さらに一九三六年予算で、決壊に瀕した財政の生命線を軍部の要求を退け、守り抜こうとしたため、二・二六事件で斬殺された。ダルマさんと国民から親しまれた蔵相是清の波乱にとんだ生涯は閉じられたのである。いま求められるのは、是清のようなすぐれた財政家である。霊園で眠る是清は今日の金融不安をどうみているか。

と以上のように述べておられた。

わたしはその好意に満ちた書評に感激して、お礼を述べたくなり教授をされている愛知学院大学に電話した。すると後藤氏は八月二七日に目黒の御自宅で亡くなられたというではないか。

わたしはしまった！と思い、胸が締め付けられた。

しかし、考えると書評のことをきいたのは八月二六日であったから翌日には、もうこの世にはおられないのであった。

山崎時彦先生の思い出

二一世紀となった夏、市大の恩師山崎時彦先生の訃報が新聞にのった。毎日新聞にお勤めの息子さんに電話すると、肺がんで死去されたということである。

高橋是清の評伝を出版した時、一番喜んで下さったのは先生であった。出版先の心配もしてくださっていた。

「僕の友達が社長をしている出版社があるから、そこを紹介しようか」

「有難うございます。東洋経済新報社にきまりました」

「へえー。いいところにきまってよかったね。僕も高橋是清を書いてみるわ。ハハハハ……」

冗談の好きな先生は上機嫌でいわれた。

市大で先生の西洋政治思想史の講義を受けて以来、親しくさせてもらうようになり、カードの整理や本からカードへの書き抜きなどのアルバイトを頼まれたことがあった。それは先生のわたしへの経済的援助であったと今になって思うのである。

先生は商大を出た後銀行に勤務されていたが、恒藤学長によばれて市大にこられた方である。わたしの卒業にさいしては、ご自宅に招いて御馳走してくださる温情のある方であった。

先生の『名誉革命の人間像』などの専門書より、わたしは『早春腥風』の回想録やハンス・クリスチャン『アンデルセン』の訳書のほうが面白くて、いただくとすぐに読んだものである。

先生の歌にまつわる回想記『遠き日のうた』を執筆されている頃、よく電話がかかってきた。

「あんた、地久節のうた覚えているか？」

「地球のうたのことですか？」

「皇后陛下の誕生を祝ううたやで。小学校でうたったのと違う？」

「全然知りませんよ」
「不忠者やな」
あるときは
「『勇敢なる水兵』のうたはいつできたのか知っている？」だの
「『従軍看護婦のうた』の歌詞なんやけど、全部知っている？」
ときかれた。
わたしは一番を軽く節をつけてうたった。
「火筒《ほづつ》の響き遠ざかる
跡には虫も声立てず
吹きたつ風はなまぐさく
くれない染めし草の色」
先生は喜んで一緒にうたわれた。
「僕ね、小学校の時、この歌うたったら涙が出たけど、あんた出なかった？」
「世代が違いますよ」
「紀元節（建国記念日）のうた、知ってる？」
「雲に聳える高千穂の……でしょう」
「知ってるやないの。世代は基本的に一緒やな。勅語奉読もきいたやろ」

「校長が奉読する間、ずっと頭垂れて大変でしたよ。頭の角度もきびしくいわれました」
「そうや、そうや。奉読終って一斉に頭揚げたら、一斉に鼻水すする音したね」
「そうでした」
「ハハハハ……」

のちに贈ってくだった本を読むと、幼少期に母上を、次いで父上を亡くされたが正直で真面目な素質は、そのままに残されて先生の人柄を形成していたのである。先生の時代は軍歌が盛んであったと思うが、抒情歌がお好きなようであった。

小学生の先生が、しばしば憩いの場にされた伯父さんの家は甲子園の海岸近くであった。そこで先生は、その懐かしい場所に行かれ、当時の風景を思い出しながら『遠き日のうた』の最終章を愛唱歌『浜辺の歌』でしめくくられていた。

先生の死後、五百ページに及ぶ『恒藤恭の青年時代』が刊行された。義理堅い先生は自分を大学に招いてくれた恩師の人生を書き残さずにはいられなかったのであろう。

芥川龍之介と親しい文学青年であった若き日の恒藤恭の日記、エッセイ、短歌、小説などを編纂して、人間としての集大成を残そうとされたのである。

わたしも恒藤学長の「国際法」の講義をうけたが、顔付、物腰など謹厳そのもののような方が補聴器のいるような小さな声で、古くなったノートを読み上げられるのには閉口した。

戦後間もなく阪大側から「阪大と商大が合併して新しい総合大学を創ろう」との提案があったのを、

商大教授会が断った。その理由は商大教授会で公立大として独自の道を歩むべきであるという意見が多く、恒藤学長も大阪での二大学併存を望んだためだときいた。

しかし、真相は国立より市立のほうが教授連の給料が高いから断ったのだろうという噂があった。わたしは司法試験委員などに商大教授が名を連ねているのをみて、社会科学系に弱い新制阪大は合併して文系にも強い大学を目指したいのだろうと思った。

大学の将来を考えれば、国立と一地方自治体立の財政規模は比較できないほど違うのに、近視眼的に「公立独自の道」などと大見得をきっても、八学部を擁する全国最大の公立大学を抱えこむには大阪市の財政では将来は無理だと考えなかったのだろうか。

現在になってみると、商科大学という単科大学を擁していた戦前と比べて、やはり大阪市の財政赤字は深刻で大学予算は国立と比べようもないほど貧弱である。

それはともかく三か月後、大阪市大の経済学部の教授から高橋是清について話をしてほしいとの電話をうけた。日本経済史のゼミを担当している者ですと自己紹介があり、話を依頼する理由をこういわれた。

「失礼ですがこの本が学生に一番わかりやすいと思いましたので、ゼミのテキストにしています。著者が大学に近いところにお住まいで、しかも卒業生であることからお願いすることにしました。どんな内容のお話でもけっこうです。学生は十二人ですが、あまり勉強していません」

わたしは少し考えたが、小人数であることと、家から近いので引き受けることにした。

一、高橋是清の中国観
二、高橋とケインズ
三、高橋財政の評価
この三つに重点をおいて話す。

特に三では高橋のモラトリアム、日銀特融、金輸出再禁止は彼の経歴によって輝かしいものとなったが、彼でなくとも誰かがやっていたように思う。むしろ真価は岡田内閣の時、軍事予算の拡大を阻止したこと、時局匡救費による農村振興策を実施したことであろうと話した。

難しい質問がでたら困るなぁと思っていたが何もなく、先生がお愛想に何でもない質問をされて終わった。ほっとしたが、なんとなく肩すかしをされたという感じだった。

(二)　教室で「人権無視や」といわれる

卒業生が医師国家試験に合格したのでお祝いに食事をおごる。日頃飲めないのにビールを少し飲んで薄いステーキ肉を食べただけなのに、帰ってもまだ何となく体の芯がフラーとしている感じだった。そこへ或る高校の校長から電話があり、三年生の日本史担当で来年三月まで来てほしいという。

「もう七十歳ですから、何があるかわかりませんので、辞退します」

「あったらあった時のことですわ。二十五人のクラスで週八時間ですよ」

と、校長は引きさがらない。

さかんに良い条件を列挙して誘ってくれるのである。遂には家まで説明に来るというので、わたしも折れた。

ところが初日の教室で試された。どんな生徒たちかな、と教室に入ると、いきなり一人の男子生徒が立ち上がった。

「先生、便所に行かせてください」という。仕方なくOKするや、続けて二、三人が

「僕も便所にいきたい」という。

「どうして休憩時間に行っておかないの。我慢できなければ、そこのバケツにしなさい」

「バケツにせよ、やて！　人権無視や」と騒ぐ。

「躾するには人権も制限する」

といい切ると、諦めのムードが教室に漂う。

今日は問題集中心の演習なのであるが、ほとんどの生徒は予習をせず、当てても「わかりません」という。

生徒たちは下宿するのはダメだけど、通えるところの大学なら、どこでもよいと親がいったと悟りきった顔をしている。

教室の隣に食堂があるので、そこでおそばを食べていると、生徒に囲まれて、いろいろ話しかけられる。

「先生の歳はいくつ」

「これは最高機密です」

「ほんなら、携帯の番号教えて」

「携帯は持ってない」

「ええっ！　携帯持ってないなんて、先生だけや！」と騒ぐ。

横から女生徒が話しかけてきた。

「先生、担任には言わんといてや。わたしマックにアルバイトに行ってるねん。この財布な、バイトのお金で買ってんで」

「へー、いくらしたの」

「二万円。先生、店に来たらジュースただで飲ましてあげるわ」

「そんなことしたらクビになるよ」

「大丈夫や。この間、××君が来たからジュースのましてあげたわ」

財布を見せてもらうとブランド物である。わたしなど買ったことがない。

ある日、授業中に競馬新聞をみている者がいたので、取り上げる。授業がおわると、教卓にやってきて「返して」という。

「僕ら土曜日に難波に馬券を買いに行くんやけど、先生も一緒にせえへん？」と誘ってくれる。

「馬券の買い方知らない」

「そんなら教えてあげるわ。あのな、単なら、こうこうして買うんや。複はこうこうして買うんや。わかった？」

「わからない」

「えぇ！　なんで。あの子でもわかるのに」と、いつも寝ている生徒を指さす。

『スロットの必勝法』という本を見ている生徒もいる。

日本は世界でも有数のギャンブル国で、パチンコにのめる庶民層の厚さは知っていたが、高校生までが競馬に賭けているのに驚いた。

授業中は私語が絶えない。注意しても二、三分ももたない。

わたしは彼らの向上心を喚起する能力はないので、騒音のなかで無念夢想で講義する。

ところが一度だけ咳一つせず、全員の目がわたしに向けられてきき入るという時間があった。黒板には「戦局の転換点　ミッドウェー海戦」と書いたはずである。

初の本土空襲によりミッドウェー攻撃敢行。日本海軍の油断と索敵の不十分により、虎の子の空母四隻と熟練の飛行士五百人を失うという致命的打撃をうけたことを語り、アメリカと日本の飛行機生産力の差を図録で示した。

終わってから、クラス全員がこの話は初めてきいた。現代史は中学校でも教えてもらっていないといった。

古代・中世などに時間をかけすぎて、やっと明治維新から日露戦争までやればいいほうで、あとは時間切れになるのだ。

わたしは歴史などは読書力があって「歴史」に興味をもてば、いくらでも自分で本を読んで知識を増やし、比較史的な視野で現在の国際的紛争も分析できる力を持てると思うのである。

一生の読書力は小学校三、四年、つまり十歳ぐらいまでにきまるという話を週刊誌で読んだことがあるが、自分の経験からもそう思えた。

十歳頃までは物語の中に完全に埋没して、自分と物語のなかの人や動物と渾然一体化して夢中になるが、小学校高学年または中学生になると批判力が芽生えてくる。夢中になっているときに感性が豊かになり読書の楽しさも倍加していくのだという。

十分の休憩時間に教官室に帰って、また教室に出向くのが大儀に感じられて、そのまま教室に残る時があった。

ある日、まだチャイムが鳴る前に、教室に入ると騒々しい周りの中で、二人の生徒が熱心に文庫本を読んでいた。

傍に行って何を読んでいるのか尋ねる。表紙を見ると池波正太郎の『鬼平犯科帖』だった。

「お父さんと競争して読んでるのです。今のところわたしが一冊だけ先を読んでるんです」

とその女生徒は笑った。今もこの生徒とは文通している。

もう一人の男子生徒はデュマの『モンテクリスト伯』だったので、少し驚いた。

これはわたしも高校生の頃に読んだ愛読書の一つである。

「面白い？」

「わからないところもあるけど、面白い」

「デユマの小説は好きなの？」

「巌窟王ていうの、子供の頃読んだけど、本当はこんな長編だったなんて知らなかったから、読んでやろうと思って」

若者の読書離れなんていうが、読む子は読むのだなぁと、何となく幸せな気分になる。

この学校は二期制なので十二月で授業は終了してしまった。ちょっと淋しくもあったが、ほっとした。

(三) 紀州太地の別荘

これから講師勤務から解放されて中国語の本を読みたいと思い始めた頃、イギリスで児童虐待の研究をしていた友人伴田さんから紀州太地の別荘に招かれた。

気持ちを切り替えて勉強するには絶好のタイミングと感じたので喜んで行かせてもらうことにした。別荘は四百坪の敷地に立つ木造二階建てで、小高い丘の上にあった。着いたときは見たこともない野鳥が網戸に嘴を突っ込んで死んでいた。

室内は広いリビングとダイニングのほかは、イングリッシュ・スタイルの三寝室にそれぞれ独立したトイレと洗面台がついていて、お客がリラックスして滞在できるように考えた設計である。名前は忘れたが建築雑誌に載った瀟洒《しょうしゃ》な別荘である。

一日遅れて川村さんが来るので、レンタカーで勝浦まで迎えにいって、食料を買い込む。

川村さんは伴田さんの大学の後輩で顔見知りなのだった。

わたしはここで大いに英気を養い、中国語の著書を読む勉強を始めたいと思っていた。

しかし、実際はレンタカーで飛び回る日々となったのである。トルコ軍艦遭難記念碑のある串本や那智の滝にもいったが、よかったのはサンゴの湯と無量寺にある芦雪の画が見られたことであった。町営サンゴの湯は入湯料が三五〇円で潮がきいてよく温まった。芦雪の虎は圧巻だった。

川村さんは悟ったようにいった。

「なにもスペインやオーストラリアに移住することないわね。ここなら年金でも暮らせるし、暖かで暮らしやすいもの」

夕方、レンタカーを返して帰ってくると、地元に住んでいる伴田さんの友人が、ちらし寿司を持ってきてくれていた。伴田さんは地元の人との交流が愉しいという。

地元の女性がいう。

「ここはデパートもなく、ブランド物も買えず、新しい魚と野菜を食べて、時々温泉に行くだけが楽しみの似たような生活しかできないからみんな平等です。ただ台風がくると怖いので、わたしはその時だけ大阪のホテルに逃げ込むのですよ」というようなことを話してくれる。

四人は電気ストーブを囲んで話したのだが、南紀でも冬の夜は寒い。エアコンをつければと思うが、リビングが広すぎるうえ、エアコンが高い天井に近いところに設置されているので、床の方まで温まるには時間がかかるようだ。建築家というのは自分流のアイデアでユニークな設計の建築物を建てて満足するようだが、肝心の住人の便利さは、あまり考慮しないのではないかと思った。

内田康夫の『鯨が啼く海』がリビングの机にあったので手にとる。

せっかく捕鯨の基地である太地に来ているのだから、記念に読んでおきたいと読み進むと、思っていたより調査もされていて説得力があり、引き込まれていった。知らないことがたくさんあって勉強になった。

五日、大阪へ帰るため町営の循環バスに乗って太地駅に向かう。わたしたち以外に客がいないバスの運転手は、途中の林のなかに建設中の家屋をさしてわたし達に移住を勧めた。

「この赤い屋根の家は、一五〇〇万円。その奥に建てかけの家は二〇〇〇万円ですよ。いいでしょう。別荘に買われたらどうですか」

川村さんはバスを下りると「お友達とお金出し合ったら買えるわね」とつぶやく。

「でも気分転換するところがない。

本屋がない処には住めない。

野菜を作る体力はもうない。

魚もマグロばかり食べてられない。

野菜は近所の人が食べきれないほどくれるけど、来るときは、お土産もって来なければならない。病気になった時安心できる病院がない」

などとわたしは御託を並べた。

帰阪した翌日の二月二十一日夜、大学の同期生から電話があり、井坂の急死を知らされた。「井坂さんが亡くなったのよ。昨夜塾が終わって生徒が帰ったあと、倒れて翌朝に姪御さんに発見されたらしいわ。心臓が少し悪かったから、心筋梗塞じゃないかしら」

井坂は卒業後、就職せず塾を経営していた。教え方が上手で数学はプロ以上の指導力があり繁盛していた。収入は公務員の初任給より多かったが、徐々にわたしの月収が多くなると、塾は疲れるからやめたいというようになった。しかし、根は教えることが好きだったので続けていた。三月の高校入試を控えて、体調不良でも休むことができなかったのであろう。

一年ほど前に今野さんに誘われて井坂の屋根裏の書斎を訪ねたのだが、今野さんが誘ってくれなければ、何年も会わないままに終わったのである。

その日、お皿にてんこもりのケーキが積んであるのを見て、彼女の精一杯の気持ちを感じた。「あんたたちが来るから、いつもは飲まないブルーマウンティン買ってんよ」といった。

わたしは、濃い色のコーヒーをみて「薄い方が好き」といそいでいった。

今野さんも続いて「わたしも」といったが、時すでにおそく、黒みがかった濃いコーヒーがなみなみとカップに注がれていた。

井坂は上機嫌で、わたしも今野さんも知らない思い出話を面白可笑しく話して、涙がでるほど笑わせてくれた。これが井坂と会った最後になったのである。こういう悲劇が予知できないのは世の常である。

屋根の上にサツキの鉢がたくさん並べてあって、ＣＤや古いレコードが机の脇に積まれていた。本棚には『マルクス・エンゲルス全集』、『魯迅選集』、平凡社の『中国古典文学全集』と何やらわからぬフランス語の原書が数冊並んでいた。卒業した頃はロシア語を勉強して、ルーマニア経済にも興味をもち、ルーマニア友好協会の理事にもなっていた。パーティの企画など苦手なはずなのに、しばしば協会の催しに招待してもらったことがある。

わたしは、愛した自宅の塾で一人で往生をとげるなんて、幸せで殉職といえる立派な最後じゃないかと思った。更に大勢の年寄りが「ぴんぴんころり」を念願することを思えば理想的な死である。

㈣　古典を読む会のこと

初夏になって伴田さんは、わたしの誘いで上六で開かれる「古典を読む会」に初めて出席してくれた。社交的な人なので手ぶり身振りをいれながらの自己紹介を終えて、満足そうであった。

この日はわたしの家に泊まることになっていた。玄関からリビングに入ると、壁を埋め尽くした本棚を見て、「あら。本棚は出世したわね」と褒めてくれた。

本棚を見て、「この本みな読んだのですか」ときく人がいるが、さすがに伴田さんは本が大好きな人なので、そういう愚問はしないで、本を擬人化してくれたのである。そういえば伴田さんは、段ボールの本棚時代に来てくれたことがあり、「地震がきたら崩れない？」と、本棚の谷間に座って心配そうに首をまわしていたのであった。

二階に上がって本棚を見た伴田さんは

「古典を読む会、創ったにしては古典は少ないわね」という。

一九七七年十一月、大阪帝塚山の菊一堂で「古典を読む会」を立ち上げた日のことが思いだされた。集まってくれたのは弁護士の今野さん、元同僚の谷田さん、星野さん、勉田さん、演出家の浅見さんの五人であった。

目的は翌年の転勤を控えて淋しがり屋のわたしが依りかかるところがほしかったのと、どうせ会って駄弁《だべ》るなら知識がもらえる機会にしたいと望んだためである。

特にわたしは古典の教養に乏しいので、古典を中心に読書会を開いてもらえたらと思った。第一回は勉田さんが『虫めづる姫―堤中納言物語―』をとりあげたのだった。

浅見さんは「『虫めずる姫』なんて、清姫と比べたら嘴が黄色いだけ。裏切った安珍を追いかけて、大蛇になり、鐘の中に逃げ込んだ安珍を鐘に巻きついて焼き殺す女にこそ魅力がある」といい、虫めづる姫を痛烈にやっつけた。この話は『今昔物語集』にもあるのだが、一般には紀州道成寺説話として知っている人が多いようである。

最後はサルトルとボーヴォワールにまで話が及んだが、浅見さんにかかったらボーヴォワールもコテンパンであった。出席者五人は転げるほど笑った。

わたしが浅見さんの若い頃を知っている伴田さんにこの話をすると、彼女も「さすが浅見さんだわね。私もききたかったわ」といった。

この会のおかげで、自分なら読まないはずの本も必ず読むことになり、原百代の大著『武則天』や『ファーブル昆虫記』、『聊斎志異』なども取り上げられ、予期以上に刺激され啓発されたこと、また発表当番になると読み放していた本も精読するようになり、論点なども意識して読むので読み方が深まったことなども話した。

最初は五人だった「古典を読む会」は人数がどんどん増えて参加の延べ人数は三十二人となり、古典だけではなく時事問題や現代小説など広い範囲の書物が取り上げられるようになったので、「古典を読む会」という名称は対外的な場合にのみつかい、仲間同士はいつも「読書会」といっていることを伴田さんに説明した。

このあと一階のリビングでコーヒーをのみながら『源氏物語』に話が及んだ。

わたしは伴田さんに「源氏物語」は嫌いだといった。

「どうして。私は好きよ。源氏物語絵巻は心理学的にもすごく面白いわ」

「屏風や几帳で仕切られた狭い部屋に、裾が開いた十二単などきている女性が、もらった和歌のよしあしをいっている。その部屋の外で、会話を盗みききしている貴族がいる。お互いに顔も知らないのに、恋愛するなんて。本当かと思うわ」

「男女関係の機微が、あの時代にしては、よく書けていると思わない？」

「失恋すれば涙で枕を濡らしたり、出家するだけ。財産もわけてもらえない。相手の貴族は一体どんな仕事をしているのか。さっぱりわからない。狭い狭い範囲での人間関係の恨みや前世での業などに悩む物語は辛気臭い。平家物語のほうがまだ好きよ」

「あなたらしいわね」

こういうやり取りの後、伴田さんは
「次回の読書会は『遺言状を書いてみる』だったわね。わたし、悪いけどその日は行けないのよ」

という。

「いいよ。もう出欠は届けなくても、常時十四・五人は来るから大丈夫」

「この頃太地にできるだけ行くようにしてるのよ。だから神戸にいなかったら太地に電話して頂戴ね。本読みに来て」といってくれる。

「夏はあの別荘、暑いでしょう」

壁の片方は一〇〇パーセントガラスだったので、陽が射したら隠れるところがないのでは、と思いながら尋ねたのである。

「そうよ。夏は家の中でも帽子をかぶっているのよ」

「じゃあ、避暑にはむいてないね」

「でも、昼間は全部開け放していると海からの風が入ってきて涼しいわよ。本読みに来てください。とっても静かなのは保障するわ」

わたしはお礼をのべたが、暑さに弱いので、また気候のいいときにでも伺おうと思いながら数年がたった。

その間に、血圧が高くて薬をのんでいた伴田さんは脳梗塞に。わたしがお見舞いの果物を送ると夫君からお礼の電話があった。

「妻が何かごそごそと捜し物をしている気配だったのですが、あなたの俳句の載った朝日新聞を持ってきて、私に見せました」

といわれるのをきいてわたしは新聞が読めるのだったら、恢復《かいふく》ははやいと安心した。しかし、二年後、夫君から二人で六甲山麓の施設に入居しましたとの報をもらって、症状が改善しないのだろうかと不安な気分になったが、信頼する伴侶に最後まで面倒をみてもらって逝く人は幸せだと信じることにした。

「古典を読む会」は、回を重ねるうちに親しさが増し、個人個人の性格や考え方も理解できるようになり、読書会という知的交換の場を越えて、お互いに元気をもらえる仲間の集まりともなったのである。

いよいよわたしが八十歳となった二〇一一年、読書会は発足以来三十一年目を迎えた。会員の年齢もそれぞれ加算されて二十九歳だった人は還暦となり、わたしは八十歳という正真正銘のお婆さんになっていた。

まだ続けてもいいような気持ちの人もあったが、腰痛などで読書会に出てくるのが難しい人も出始め、また親の介護で長時間の外出が不安な人もでてきた。

病気になって、会員が次々と出てこられなくなってから会を閉じるのは寂しい。談論風発して笑い声の絶えない会であったが惜しまれる間に解散することになった。

三十一年間の読書会で読んだ本のうち、最も印象的なものにガルシャマルケス『百年の孤独』をあげる人が多かった。

二〇一二年四月、解散会をするため、京都のホテルに集まった。今野さんも川崎から来てくれた。昨年三月の東北大地震による福島原発のことが、みなの頭から離れず、どうしてもそのことが不安で仕方がないという話があちこちできこえた。

火山列島で地震は常にどこかであるような小国に、原発をいくつもおくような政府の見識が問われるとか、少子高齢化でよいではないか、日本は過密なためいろいろ問題もある。経済大国の幻想を追わずに小国なりの質実で平和な生活が送れる政治を考えることだとか、国民が放射能汚染で死んでも、利権と利得を追う政治家や資本家・官僚がいるのが問題だとかいう声があった。

七　他人の本棚を眺める愉しみ

(一)「本棚の本」の変遷

『本棚の本』は一九八七年、『本棚の世界』（アスキー刊）は三年後の一九九〇年の出版である。どちらも著名人の本棚をカラー写真でとり、それぞれの所有者の意見をのせた本である。

前者には『二五人の「知」の生活を見る』という副題がついていて、作家・学者・評論家・演出家・編集者・翻訳家の肩書のある十三人の本棚を紹介している。後者は二十一人のうち六人だけが、学者や文筆家で、タレント、アーティストなどがふえている。

比較文化史研究者である芳賀徹氏の本棚の本は、わたしが既に読んだ本もあるが、これから読みたい本が並んでいる。じっと眺めていたら『中国近代化と馬建忠』が目についた。馬建忠の本なんて本屋を何軒も廻っても、滅多にお目にかからない類のものである。

馬建忠はフランスから帰国後、李鴻章のブレーンとなって、中国の近代化につくすのであるが、一九〇〇年、ロシアとの交渉中に無理がたたって急死する人である。こんな本があるとは知らなかった。是非読みたい一冊である。

芳賀氏は本の背文字が見えている効能について、こう述べている。

「比較文学という学問にとって、一番大切なことは、アソシエーション、つまり連想作用ですからね。それは普通の人に見えない関わりを発見することです。本が見えていると、いろいろなイメージが湧いてきますから」

わたしは書店でブックカバーをかけてくれたままの本を、そのまま書棚に並べて置くことが多い。それは本を保護するという意識からであった。それで必要な本を探すときは、いくつかの本を手にとって表紙を開いて見ることになる。

これからはカバーを外して並んだ背文字をいつも見るようにしたい。そうすれば、ユニークなインスピレーションが浮かんでくるような気がする。

吉本隆明氏の本棚は『明月記』『吾妻鏡』『日本古典文学大系』など評論家や文学者なら大抵持っている書籍類がある。市史、宗教、詩論、文芸書など多岐にわたるのは、仕事上必要になって読むためであろう。

舞台演出家やイラストレーター、アーティスト、俳優などの本棚には例外もあるが、わたしの読みたいと思う本はない。映画監督など映像に関した仕事を持つ人はＣＤやビデオがギッシリと棚に詰まっている筑紫哲也氏の書斎に南条範夫『奴隷から宰相へ』を発見。これは『高橋是清自伝』を資料にしてかかれたものであろうが、いままで見たことがなかった。

『本棚の本』が出た十一年後に出た『本棚が見たい！3』を眺めると、橋本治、田村隆一、唐十郎、清水義範、桜井よしこ、沢野ひとし、藤沢周平、などの外にテニスプレイヤー、タレント、アナウンサー、イラストレーターなどの本棚が公開されていて『本棚の本』とは異なるイメージである。

生島治郎氏の棚にハヤカワ・ポケット・ミステリーがずらりと並んでいるのには驚いた。中村彰彦氏の棚には、会津関係の本が多く、『新聞集成』や『明治編年史』全巻が揃っていたのはさすがと感心。清水義範氏が『明治文化全集』を揃えていたのを見て苦い思い出がよみがえった。なぜならわたしはこれを買うのに、取次店にいた知人に割引してもらったのだが、それでも毎月払う本代はとても痛かった。それなのにあまり利用しない全集なのである。

また、渡辺淳一氏の不倫小説『ひとひらの雪』が堅物《かたぶつ》と思われている何人かの学者や作家の本棚を飾っていたのを見て、何となくほほえましかった。

二〇〇八年刊の『本棚2』（アスペクト）は、断然漫画家、イラストレーター、ミステリー作家など人気作家の本棚の写真がほとんどである。これ以後のこの種の本棚拝見本には漫画家、タレント、歌手などの書斎というより、彼らの仕事部屋が取り上げられるようになる。

(二)　喜田雅彦氏の本棚をちょっとまねる

漫画家の喜田雅彦氏は古本収集の趣味はなかったのに、友人に感化されて、その世界に足を踏み入れたと、『本棚探偵の冒険』で述べているが、開いて、読んで、ビックリ玉手箱であった。

稀覯本探しの本かな、と思っていたら、さに非ず。ポケミスや本格推理の個人全集を背文字の色別に蒐集する楽しみが語られている。例えば、文春文庫の『横溝正史文庫』は黒の背表紙で並べるときれいだという。

それは書斎の装飾となり、友人に自慢する愉しみにもなるらしいが、その蒐集は出版社のバックアップによる潤沢な資金によって完成できるらしい。貧乏読書人には真似のできない豪快な買い漁りと徹底した収集で読ませる。

喜田雅彦氏の蒐集に刺激されたのか、わたしは突然思いもしなかったのにアガサ・クリスティの小説を蒐集することを思いついたのである。つまり貧乏人でもできる赤い背文字の古い文庫本蒐集である。

若い時はミステリー小説を読みだすと犯人がわかるまで徹夜しても読んだものだが、六十歳をすぎた頃から時間がもったいないのと、最近の作家の文体にも馴染めずに敬遠一方である。

最近の世の中は毎日ほど殺人があり、何でもありの酷い殺し方、近親同士の殺戮など珍しくないのに、わざわざ架空の殺人事件を読み、密室物のトリックを考えるのはバカバカしいと思うようになったのである。

クリスティもトリックミステリーの作家であるが、クリスティの小説は、どぎつい殺人もなく、犯人がわかっても全身悪人ではなく、どこかに人生の哀歓が匂っているのが読者を惹きつける。

例えば、『そして誰もいなくなった』は、不正を犯して人を死にやった人間が、正義感の強い元判事に孤島に誘われ、次つぎに殺されていく。その殺され方は古い子守唄の通りに消されて行くのだが、元判事も最後には自殺するというお話で、これも人生の哀愁が漂っている。

もしもわたしが、この島に誘われるとするならマッカーサー将軍に近い心境で最後を迎えようとするのではなかろうか。風や波の音が平和にみちてきこえ、もう重荷を背負わなくてもよく、暗黒の眠りにつけるからである、などと自分を作中の人物にたとえて想ったりする。

『パディントン発四時五〇分』もルーシーの個性が抜きんでて巧く描かれていて、彼女が素早く上手に作る料理の数々にイギリスの伝統食と人々の日常が想像できて読んで飽きない。

蒐集の条件は、一冊二百円以下であることと、赤い表紙カバーのついたハヤカワ文庫であることにした。クリスティの文庫は、創元推理文庫からも出ている。同じハヤカワのNV文庫からは『春にして君を離れ』など後期の六冊が刊行されているが、これも買うことにした。

新古書店にクリスティの小説はいくつかあるが、三百円、三五〇円など価格が高めである。天牛堺書店の均一台に二百円で見つかる時もあった。四国の高松に住む知人を訪ねた時、美味しい魚料理を御馳走してもらって店を出ると、道を隔てた前に小さな古本屋があった。あまり期待しないで入ると、やはり翻訳ものなどとは縁のない本棚であった。

ところが、わたしが「アガサ・クリスティは、やはりないわ」とつぶやくと、きこえたらしく「アガサ・クリスティならたくさんあります」と店主らしき小母さんがいった。そして奥から小さい段ボール箱を持ってきて、中を見せてくれた。

中にはクリスティの文庫やアイリッシュの推理小説、エラリィ・クイーンの『Yの悲劇』もあった。どうして翻訳ミステリーを店の棚に置かずに段ボールにしまい込んでおくのだろうか。

小母さんにそのわけをきくと、この間この段ボールに本を詰めて持ってきた人から買ったままましまい込んでいたのですといった。

十二、三冊あるクリスティ本から、装丁が綺麗で、まだ買っていないものを五冊選ぶ。値段は一冊百円であった。

かくて二年近くで案外簡単にクリスティ文庫の蒐集は完了した。ガラス戸付き本箱の単行本の前に、赤い色に白抜き文字の背表紙が並んで鎮座することになった。

ただ残念なことは、蒐集が終わった頃、文庫より一回り大きいクリスティの全集がハヤカワから刊行され始めたのである。文字もやや大きく、もっと老年になった時に読もうと思っているわたしにはいささかショックであったが、諦めざるをえなかった。

(三) 驚嘆の『書斎曼荼羅』全二巻

磯田和一『書斎曼荼羅』は作家を取材し、その書斎をイラストで描いたカラフルで面白い本である。ぱらぱらとページを眺めただけで、すっごく楽しい。わたしはざっと眺めた後、隅から隅まで眺めつくした。取材をうけた作家やイラストレーターの家は、ほとんど階段の半分が本で埋もれ、ピアノの上下やトイレの中までぎっしりと本が積み重ねられているところもあった。

印象に残ったのは鹿島茂氏と山田風太郎氏のおうちの蔵書であった。このお二人の蔵書は他の作家と比べて、その量も質も違うのだ。鹿島氏は仏文学者だけあってフランスで買ってこられたと思うアンティークな置物、家具がまた蔵書の雰囲気に調和している。氏の著作『子供より古書が大事と思いたい』を読んで笑わせてもらったが、そのような心掛けで集められた貴重本がどっさりある。

わたしは浅井忠の評伝を書くために京都工芸繊維大の美術工芸資料室を訪れた時、浅井が持ち帰った多くのポスターを見せてもらった。それは一九世紀のアルフォンス・ミュシャなどの時代のポスターであるが、鹿島家のフランスのポスターはそれらのものと共通する雰囲気があった。

わたしも工芸繊維大でもらった自転車のポスター絵葉書を引きのばして、書斎の壁に貼りつけることを考えついたが、鹿島家とちがって周りの書籍が漢字ばかりでは、そのポスターは調和しないと思って中止せざるをえなかった。

山田風太郎家の蔵書は「黒い本、つまり黒ずんだ古い本が多く、それらの書物は気のせいか、遠い時代の匂いがしていた。数多くの骨董品的書物や奇本珍本が大きくて暗い書庫に、ずらりと並ぶ風景は、……若い作家たちの大きくて明るい書庫に比べるとどこかミステリアスで触れがたい雰囲気が漂っているのだった」と磯田氏が述べている。

わたしの本棚（写真）には奇本・珍本はないが、黒ずんだ古い本の棚はある。大川周明『米英東亜侵略史』、麻生久『黎明』、矢内原忠雄『植民及び植民政策』、徳富猪一郎『大正の青年と帝国の前途』、日本青年外交協会編纂『東亜共同體思想研究』などの戦前の本が、冥土の本屋のごとき雰囲気で並んでいる。近寄らないと、本の背文字がはっきりわからない。十数年前までは、この本棚を見て、「珍しい本があるね」とか「貴重本だね」といってくれる人もいたが、今は関心を持つ人もなく、「穢い本、集めてどうするの」と心配してくれる人が出てきた。

わたしは忍法物は苦手であるが、風太郎氏の明治小説は好きである。なかでも『幻燈辻馬車』は会津の戦いで子を失った祖父と親を亡くした孫の二人が辻馬車で暮らすのだが、敗者の壮絶な怨恨と哀愁が漂っていて一気に読ませる。

何万冊も蔵書がある書庫は二階にあるが、柱や床が少しもきしんでいない頑丈な造りであり、ここに、作家の個人全集はもとより、童話、漫画、欧米文学、哲学書、美術書、昔々の講談社の『少年倶楽部』や講談本、そして貴重本である『図録日本の貨幣』『古板江戸図集成』など、多岐にわたる蔵書がおさまっている。

書斎の窓からは広い庭の煉瓦塀を噴水の水が流れる景色が眺められる。

本の背文字の題名がわからない本棚の紹介は興味がそがれるが、この『書斎曼荼羅』を見るに及んで認識を改めた。取材する人の態度や技術で、こんなに読者を楽しませてもらえるとはお礼がいいたいほどである。

度肝を抜かれたのは、藤野邦夫氏の書斎だった。床に背文字を上にした本が書棚に並べたように、びっしり詰まっていてその上をお歩き下さいといわれた磯田氏は足がすくんだというが、磯田氏でなくても誰でも歩くのに足がすくみますよ。

ともかく写真等よりイラストで紹介する書斎というのは、とても味のあるものだなぁと感嘆した。

これは二巻で終りのようだが、続けて刊行してほしいと思っていたところが、磯田氏は二〇一四年四月に心不全で亡くなられていたのである。味のあるヨーロッパのスケッチ旅行や街歩きの楽しいイラストも、もう見ることができなくなったとは本当に寂しい。

㈣　古い文化人の書斎

一九七九年に出版された竹井書店の『私の書斎』には、向坂逸郎・茅誠司・河盛好蔵・南条範夫・田宮虎彦・尾崎秀樹・金達壽・田辺茂一・佐藤愛子・新藤兼人・会田雄二など二十八人の方が取り上げられているが、そのうち今もご存命の方は『九十歳。何がめでたい!』といきまく元気な愛子さんお一人のみである。

また『書斎』の主人は、劇作家・学者・評論家・作家が多く、『本棚』の主人のようなマンガ家や推理小説家やタレント・スポーツ選手・落語家などはいない。

『私の書斎』が、有名人の『本棚拝見』などと違うのは、書名の通り本棚より書斎にウエイトがおかれていることである。

カラー写真がまだ普及していない頃であるから、書棚を鮮明に写すことは無理だったが、幼少から本を大事にする習性があり、本は貴重品だった時代の人々であるためか、本の話をしながら自分の生き方を語る人が多いのである。

『書斎』の主人たちの何人かは、夜眠る前に枕元に読みたい本を数冊選んで置くのが楽しいといっている。眠る前の数分の間に数冊も読める筈はないのに選ぶなんて、本当は意味がないのに、わたしもこの無駄な行為を若い時に何度も重ねたので、その気持ちがよく理解できるのである。ひどいときは、一ページも開けずに、積んだだけで満足して寝入るのであった。

また『書斎』の主人たちの本棚には、百科事典が自慢げに並んでいるのが目につくのだが、今では古本屋が「それだけは勘弁してください」と持っていかない代物になりはてているのである。

たった三十五年で書斎がこんなに変わるものかと驚く。それは書物を含むメディアの大きな変化と人々の価値観、書物に対する愛着心の低下、更に書斎に対するイメージの変化などが原因であろう。

八　わが家の半端な全集

(一)『漱石全集』の新旧入れ替え

わたしの本棚にある文学全集で揃っているのは、『漱石全集』と『獅子文六全集』『啄木全集』『山田風太郎明治小説全集』ぐらいで、『荷風全集』は『断腸亭日乗』(日記)の部分だけという貧弱さである。

獅子文六の小説には戦後から昭和三十年代の風俗や人の心理・人情がよく描かれている。亡くなった父が、新聞連載の彼の小説を楽しみに読んでいた節があるため、古本でまとめて買ったが、新刊と変わらない美本で、月報も揃っている。それが二万円にも足りない価格なので嬉しいが反面これでいいのかなと思ってしまう。

去年まで棚にあった『漱石全集』は菊版で全十八巻の岩波書店刊のものであり、これが大層人気がなくなった。それはこのあと数年して岩波から別巻も入れて全二九巻の『漱石全集』が出たためである。

後者は四六判で、手で持ちやすく読みやすい。菊版は重くて机の上で読むことを強いられる。箱に入れて大きければ見栄えがよいとはいえないうえ、内容が二九巻のものより資料価値が劣るのである。漱石の主要著書や書簡類を読んで楽しむだけなら、十八巻でもよいのだが、例えばロンドンなどで漱石とちょっと行を共にした人の見聞などを引用したいと思っても、わたしの蔵している十八巻の『漱石全集』では間に合わないのである。

そのため浅井忠の評伝を書くときは図書館に行って、『漱石全集』二九巻本を見せてもらわねばならなかった。『漱石全集』十八巻は売れば、二足三文である。

二九巻の全集を入手したいのだが、新刊は絶版、古本は滅多に出ないうえ、出ても高価なので諦めていた。ところが去年秋、アマゾンが「『漱石全集二九巻』一万五千円。三十分限り」とネットで古本を販売しているのを見た。欲しかったが、わたしは日本の出版文化を守るために無視した。

と、いえば恰好はいいが、「月報は揃っているか、書き込みはないか」などの質問ができないので、敬遠したままでである。

それから二か月ほど経って、岩波文庫の絶版本について、天牛古書部に電話してきいているうちに、アマゾンの話が出て、欲しいのに『漱石全集二九巻』を買わなかったことを告げた。

すると「『漱石全集二九巻』なら、つい最近入りましたよ。新品のようにきれいで月報も揃ってます。アマゾンほど廉くはないが、特別お安くしておきます」といわれた。

わたしは断然欲しくなって、持ってきてもらうように頼んでしまった。ついに『漱石全集一八巻』を正真正銘の二足三文で売り払い、『漱石全集二九巻』を手に入れたのである。美本である。一冊いくらになるか計算すると六九〇円弱であるが、二回も漱石全集を買ったことを思うと、手放しで喜ぶわけにもいかなかったが、白い箱に入った新しい『漱石全集』が棚の一段を占領して並んでいる姿は際立って美しい。

ところが二〇一六年十二月から、またも『定本漱石全集』が全二八巻別巻一として岩波書店から売出された。しかし、わたしは、「しまった！」なんて全く思わなかった。「これで十分です」と本棚の漱石全集にいうと、美しい白い箱に入った全集はわたしを見下ろして「私たちも満足です」と答えたように思った。

赤川次郎氏が「本棚の本の背文字を眺めていると幸せ」と述べていたが、わたしも手にして心地よい新しい『漱石全集』の背文字を眺めて幸せと思うのだった。

そのときラジオからモーツァルトのシンフォーニィ四〇番の旋律が突如としてながれてきた。若い時、これを最初にきいたのは、ジョージ・セル指揮の演奏会であった。セルは日本での演奏が終わってアメリカに帰国したあと急逝したので、わたしはしばらく四〇番ばかりきいていた。それから後は何年も四〇番をきくことはなかった。その理由は買ったレコードをきくためのハードがなくなったためである。それをＣＤにうつしてきくことに抵抗感があり、レコードできききたいと思いながら忘れていたのだった。

それにしても古書店の全集価格の凋落ぶりは嘆かわしいほどである。『国史大辞典』の揃いが二万円で棚に並んでいるのを見た時は、唖然としてしばらく立ち尽くした。一冊が一万四千円（税抜き）であったから二冊分にも足りない価格である。

ワープロで書きながらウィキペディアで検索できるというのは、本当に便利である。今や辞典類は必要なくなったのかもしれない。ウィキペディアはよく細部で間違っているが、それでも大体の全貌は掴めるのだ。またネットで国会図書館や大学図書館、遠方の図書館の資料も検索できる。

まだパソコンが普及する前、作家たちがパソコンを嫌って、ワープロ専用機を買いこみ、それ用のインクリボンも買いこんでいたことを思うと滑稽な気がする。今ではパソコンなしに論文や小説などを書くことはできないといえよう。

㈡　チャリンコで神保町めぐり

『明治文学全集』（筑摩）は全一〇〇冊のうち二〇冊だけが、わたしの本棚に並んでいるが、この全集は毎日出版文化賞特別賞をうけた評価の高いものである。この二〇冊はすべて古書店で買ったものである。その何冊かは天牛堺書店で三百円ほどで買ったのだが、古本でも徐々に高値がつき始めた頃、偶然入った奈良町の古書店で数冊を購入した。

奈良町のこの古書店は、古い民家の並ぶ通りにあって、昔風のガラス戸を横にガラガラと引いて入るのである。棚に入らない本は、その下の棚と棚の谷間に積み重ねられていた。『明治戦争文学集』があったので、その谷を掘り始めるが、谷は深く、底の方に目的物が見えるのであるが、なかなか掘り進むことができない。やっと『明治女流文学全集（二）』を手にして、なおも掘り続けると『明治少年文学集』『女学雑誌・文学界集』が現れた。

財布と相談しながら『明治社会主義文学集（一）』も掘り出して合計五冊を購入した。一冊は六百円で他は七百円である。

まさに「掘り出し物」とはこのことだ、と思ったが、この本の重さには閉口した。

店主は五〇才前後の人であったが、笑いながら「後の全集、買ってもらえるのだったら、取っておきますよ」といってくれたが、「今度は何時来れるのか分からないので」とお断りした。

わたしが『明治文学全集』を買う気になったのは、個人作家の作品集ではなく、『明治女流文学集』『明治政治小説集』『明治開化期小説集』『明治啓蒙思想集』などのテーマ別になった作品集があることと、入手困難な作品がはいっていることであった。つまり、テーマ別の作品集だけを古本で入手しようという魂胆なのである。

新緑の五月が終わる頃、わたしは世界一の古本屋街である神保町に行けば、まだ未入手のものが見つかるだろう。久しぶりに神保町巡りをするのもいいかと思い、今野さんに電話で、「チャリンコで神保町めぐり」を提案した。

当日は今野さんと娘さんのトモちゃんと神保町の貸自転車店で落ち合った。

『明治文学全集』のなかの買いたい本を探していると、数か月前に堺で八〇〇円で買った『橋浦時雄日記第一巻―冬の時代から』が二千円で売っているのを見て、東京は高い！と実感した。たちまち『明治文学全集』を探す意欲は衰え、かわりに東洋文庫の『アメリカ彦蔵自伝2』と松本清張『岸田劉生晩景』を買った。

今野さんが「『明治文学全集』あったの？」ときく。わたしが「『明治文学全集』は、揃えたら百万円するらしい」と今野さんにいったのを、ききつけた店主が「うちだったら五十万円」といった。でも明治文学全集は揃える気はないのでき流して外へ出た。

現在、『明治文学全集』は筑摩から再刊されたが、やはり全一〇〇巻揃いで七五万七五〇〇円もする。もはや大枚をはたいて本棚を何段か占める大全集を買う気持ちにはなれない。

今野さんは、いつの間にか『アリストテレス』の箱入り本を買って手に持っていた。わたしは、「ええ、今でもこんな形而上的な哲学を読む気力があるのか！」と驚いた。

トモちゃんは二〇〇一年に文化庁の舞台創作奨励賞をもらい、翌年には『中二階な人々』で特別賞を受賞した劇作家である。彼女は小田島雄志訳の『シェークスピア全集』を探していたがゲットできなかった。

わたしたちは買った古本を自転車の籠に入れると、「人生劇場」でパチンコに挑戦した。景品に雑誌や文庫本、ベストセラー本がもらえる店である。

じゃらんじゃらんと玉が出る音がするのはトモちゃんの台だけである。三人は勝負に敗れたあと、明治の清国留学生がよく来たという「漢陽楼」で中華を食べた。その後は神田明神で冷えた甘酒を飲み、終りに銭湯「梅の湯」で汗を流してから自転車をかえして、神保町巡りを終えた。

今野さんは夫君が最高裁の判事に転出してからも、しばらくは大阪の法律事務所の仕事と品川の公邸との二重生活を余儀なくしていたが、夫君が定年になると揃って新築の豪邸に落ち着いたのである。

この日、わたしは高台にあるその豪邸に泊めてもらったのであるが、その前に今野さんが「何を食べたい？」ときくので、わたしは即座に「ジョナサンに行きたい」といった。

「ジョナサン」に行きたいといったのは、藤田香織『だらしな日記』に「ジョナサン」で食事をしたことが再三出てくるので、どんなに美味しいところだろうかと思っていたのである。

今野さんは「ジョナサンだったら新百合ヶ丘の駅近にあるわ」と嬉しそうにいった。自分の下車する駅なのである。

ところが、行ってみたらファミレスであった。大阪や京都にはジョナサンはないので、ファミレスとは知らなかった。でもわたしはB級グルメ派なのでファミレスで文句はない。なかなか洒落たファミレスであった。十日ほどの海外旅行でも帰国したら食べたいものは、寿司、うどん、カレーなどB級グルメである。会席料理を食べたいという人には出会った事がない。

ところで、わたしの半端な全集の話にもどるが、『柳田国男全集』は全巻を持っている。しかし、箱入り本と文庫が入り混じっていて、揃えて本棚に並べることが出来ない。見た目より、中身が読めたらいいという主義なので、刊行中に資金が不足して買うのを中断している間に文庫になると、わたしは、その廉価な文庫を喜んで買ってしまうという結果なのである。

名著『日本の歴史』（中央公論社）の全集も、箱入り本と帯付き単行本と文庫の三種類が混ざって棚に並んでいる。前述した『本棚拝見』における何人かの文筆家の本棚にも中央公論社刊の『日本の歴史』全巻があった。この『日本の歴史』シリーズが出た時は、よくできていると評判であった。一冊一個人が書き下ろした通史では、著者の意欲と熱意が読者に伝わる好著である。

わたしは『近代国家の出発』（二一巻）の最初の一行、「シベリアの曠野を二台の馬車がよこぎっていた」という色川大吉氏の文を今でも覚えている。

この日本史シリーズは箱入りで昭和四十一年から刊行され二六巻・別巻五冊が出た。

中央公論新社によると第一巻は八八刷となり、昭和四十六年には中公バックスとして刊行されたがこれは二刷のみで、以後は文庫として現在も続刊中で六刷ということである。故人となられた著者の本も、そのままの氏名で続刊し、古い資料や新説については、代わりの学識者が補説・訂正しているという。

『日本古典文学大系』（岩波書店）は全一〇〇巻と別巻二巻からなるが、興味のある巻だけを選んで買った。三〇冊ほどが棚に並ぶ頃に購入資金がなくなり、その重さにも閉口して、完結するまでに菅原道真の『菅家文草　菅家後集』と『日本書紀』を残して売ってしまった。『菅家文草　菅家後集』は道真の詩を調べる必要があって読んだのだが、今までの道真像を見直すことになった。家柄や派閥のバックもないのに、政界での処世術を誤り失脚した学者だと思っていたが、想像以上にひどい流刑地においても詩作を続けていた人なのだった。

詩集「寒草十首」を開くと道真が真の詩人であったことがうかがえる。

「いずれの人にか寒気早き」と、逃亡の百姓、駅の馬子、樵《きこり》、水夫、漁民、塩を売る人、老いたる鰥夫《かふ》、孤児、流民、薬草園の園丁の十種の民をあげて、彼らにとって冬の寒さは、ことのほか厳しく感じられるにちがいないとうたっている。

道真は四十歳なかばで讃岐の守として赴き、地方の貧しい庶民の暮らしを見たからだと思えるが、国守としての経験は他の貴族にもあったことを思うと、やはり真実を見抜く詩人の素質を誰よりも持っていたように感じられるのである。

政治家としての資質に欠けてはいたが、他の貴族にはない深みのある詩を残した傑出した存在だったことを知った。『菅家文草』のなかの「書斎記」（のちに紅梅殿）には、六畳ほどの狭い部屋なので門人が増えると廊下に集めて講義したことが記されている。

京都には紅梅殿の跡などが遺されているというので、機会があれば行きたいと思っている。

珍しい絶版全集といわれる昭和四十三年発行の『現代文学の発見』のうち十冊がある。この全集は全一六巻と別巻『孤独のたたかい』が学芸書林から発行されたもので、今ではなかなか手に入らない作品も収録されている。ネットで見ると平成十四年に再刊されているが、一七冊揃えで四五〇〇〇円もしているのだ。

また黄色い箱入りの『世界ノンフィクション全集』が数冊あるが、これもなかなか手に入りにくい『セポイの乱』や『メッカへの道』などがある。しかし、この全集に収録されているものは、原文を省略したものもあり、河口慧海『チベット旅行記』など、いくつかの作品は講談社学術文庫などでも読むことができるので、わたしはあまり評価していない。

文庫本の全集で未読本は萩原延壽『遠い崖』（アーネスト・サトウ日記抄）全一四巻や児島襄『日露戦争』全八巻、岡本綺堂『半七捕物帳』全六巻などである。これらは数年前に買ってから棚の埃を浴び続けているが、もう何もすることがなくなった時、緊張も感動もなく、毎日淡々とページをめくって読んでいくのも、いいではないかと思ってとってある。しかし、今でも積極的に読む気がないのに、果たして読めるかどうか自信はない。

㈢　大震災の遺された書籍

二〇〇二年頃、東京の今野さんから蔵書の処分を電話で依頼された。

「阪神大震災で家が倒壊した従兄弟から頼まれて、その蔵書を自分が管理するビルに預かっていたのだけど、従兄弟が亡くなったので蔵書を処分したい。ついては古書店を紹介してほしい。蔵書のリストはあとから送るが、その中にあなたの欲しい本があったら贈呈する」というのである。

送ってきたリストを見ると亡くなられた従兄弟の方はかなり広い分野の書籍を所蔵されていたこ

とがわかった。

『青木正児《まさはる》全集』全十巻、『沖縄大百科事典』全四巻『中国芸術大事典』『河上肇獄中往復書簡集』上下などをいただくことにした。それで本棚の一列はこれらの書籍でいっぱいになってしまい、他の本を移動させるのに悩まされることになった。

青木正児は、戦前に支那学といっていた頃の中国学の学者である。中国文芸についての研究、風俗、名物といわれる食の研究など詳細な風俗研究書をだしている。

しかし、文中の漢字は辞書無くては読めないものが多く、文章も昔風で、考証に重点がおかれた研究が多く読みづらい。一時代前の研究書である。天牛古書部の人が曰く「昔は全集が十万円ぐらいしましたが、今では二万円ほどで売っています」という。

『中華名物考』は比較的読みやすく、中国の名物といわれる食や酒の考証である。

「北京にいた一年間、私は毎朝餅を喫し香片（花入りの茶）を飲んで腹をこしらえ、押し寄せる本屋の番頭と渡り合うを常とした」とある箇所を読んで、わたしは北京にいる時、毎日ジャスミン茶を飲んだこと、餅はいろいろあるが、小麦粉を練って、薄く伸ばし塩と胡麻だけで焼いた餅の美味しさを思い出した。

『沖縄大百科事典』四冊のうち、その一冊から細かい土砂や小石がざらざらと落ちてきて驚いた。念のため他の箱を逆さにしてみると、やはり細かい砂が落ちてきたが前者ほどではなかった。

阪神大震災で家屋が倒壊したときの土砂なのだろうが、それにしては書籍は少しも傷ついていないのである。ひどく損傷を受けた書籍は、今野さんのビルに預けずに処分されてしまったのだろうか。もらった本は幸運にも生き延びたのであるから、大事にしようと思ったが、一番よく使うのは『中国学芸大事典』である。

リストにある柳田国男全集はバラでかなりの冊数があった。揃っていても安いのにバラだと断られるか、まとめて百円ぐらいである。それなのに新刊の文庫で買うと高いので、売らないで読めばいいのでは、と今野さんに勧めた。

(四) 「円本」の魅力

『全集』というものを出版社が競って出版するようになったのは大正末から昭和初期にかけてである。

現代日本文学全集

昭和初期に一冊一円で改造社が『現代日本文学全集』の予約販売を始めた。平均五〇〇ページ三段組、総ルビ付きで表紙は布製でカラー、箱入りの全六三巻が大変な人気で五〇万部という予約に成功した。これに刺激されて各社が同様の企画を始めた。所謂円本時代という空前の出版ブームが興ったのである。

作家もこのブームで初めて巨額の印税を受け取り、欧州旅行などをした。いまわたしの手元にあるのは改造社の昭和四年刊『坪内逍遥集』である。

表紙は杉浦非水装幀のカラーの洒落た模様の布張である。今どきの本で、これ程しっかりした装幀本にはお目にかかったことはない。本はその頃高価であった。それが一円であるから一般のサラリーマンには廉価と思えた筈である。当時の小学校教師の初任給は五十円、官吏や銀行員は七十円である。月給取りではない日雇い労働者は二円前後であるから一円という全集本には手が届かないであろう。

『坪内逍遥集』は二十数年ほど前に古本屋で五十円で買った。他にも改造社の本が五十円から百円で何冊も売られていたが、もうこの数年はお目にかかったことはない。出版界の歴史を劃した円本を記念に持っておきたいという気持ちで買ったので、読むつもりはなかった。

新潮社も改造社の成功に負けじと『世界文学全集』を一九二七年から五七巻で予約者に頒布した。装丁も堅牢で背文字の部分は布地で、上半分に本の題名が黒で記され下半分には百合のデザインがある。

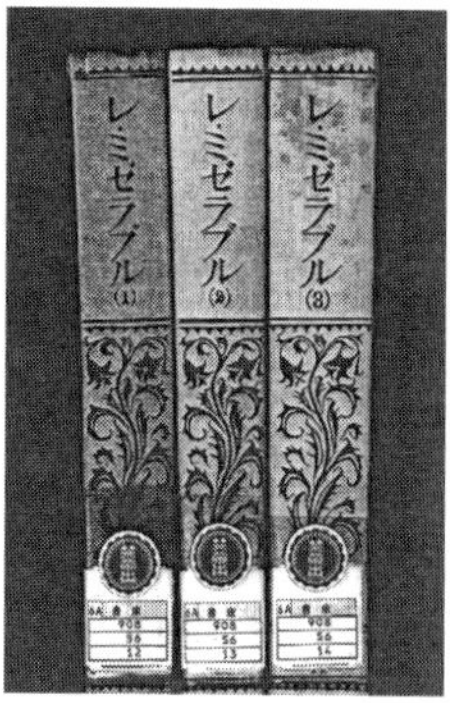

レ・ミゼラブル（全三巻）

五六〇ページの各ページは上下組の二一行である。重厚で本棚に並べるにも高級感がある。

「みかん箱の本箱時代」の章で述べた『レ・ミゼラブル』（全三巻）は、もうわたしの棚からは失われたが豊島与志雄訳である。この訳文がまた変に凝っていて面白いが、現在の訳文と比べてみたら相当問題になる箇所もあるのではないかと思われる。

現在も豊島与志雄訳で岩波文庫から、挿絵付きで刊行されているのだが、昭和十二年に改訳されているから同じ訳ではない。

この幸先のよかった円本の売り上げは、昭和初期の不況と配本でたまる本の重圧からか、配本後のものから売れなくなり、返本が増え、やがて衰退していくのである。

わたしの記憶では五〇年代には、まだ古本屋に何冊でも廉価で転がっていた。新潮社の五七巻を古本で揃えるのもわけなかったのに、何時ごろからかピタリと見えなくなったかと思うと、今や貴重品扱いで図書館でも禁帯出のレッテルが貼られ、館内でしか見ることができない存在となっている。

これはハリーポッターやベストセラー本の行末であろう。ハリーポッターシリーズ（全七巻）の世界での累計発行部数は四億五千万部という。日本では第一巻が出た一九九九年に五〇八万部が出た。その後だんだん少なくなったが、それでも最終巻が出た二〇〇八年の部数は一八五万部である。

ベストセラーになるには日頃読書とあまり縁のない人もブームに乗って買うことが必須条件だというが、ブームが過ぎると売り払うのであろうか。やはり今では古書店で半額以下に売られている。

ただし、これも売らずに我慢して本棚に並べておけば、値があがって、やがて貴重本扱いになるかもしれない。

九　わが蔵書に見る「食の物語」

先日、ある会に集まった一人が「この頃のテレビ、食べてばかりいる、という印象ね」という。「食べた後の感想も〝うーん美味しぃ〟だの、〝あっさりした甘みが口に残る〟だの、〝さっぱりしている〟とかきいていいて飽きてしまうわ」ともう一人がいう。

全く同感。どこのチャンネルに切り替えても「ジューシイな果物のような柔らかさ！」「自然な甘さが口に広がる」だのといって目を丸くする若いタレントばかりでわたしは「またか……」と思ってしまう。

しかし、わたしの蔵書のなかにある食事風景は美味礼讃ではない。獄中・病床・貧しい大衆の財布をはたいての饗宴。十九世紀イギリスの、ある食卓風景などが生き生きと描写されている。そこには不味・美味を超えた人生の彩りが展開されていると思うので、ここに取り上げてみることにした。

クリスティの食事風景

アガサの文庫本を何冊か読むと、食事風景がよく出てくる。彼女の好きな朝食はどのようなものか、そしてイギリス人のこだわりもよくわかって面白い。

『バートラム・ホテルにて』のなかの会話を見よう。

「英国風の朝食がよいとおっしゃる方にはそのように」

「卵とベーコンというわけかね」

「おっしゃるとおりでございます……ご注文以上にいろいろとございます。燻製のニシン、キドニーのベーコン、グラウスの冷肉、ヨーク・ハム、オクスフォード・マーマレードなど」

ミス・マープルは朝食を注文した。紅茶、ポーチド・エッグに焼きたてのパン。五分後には朝食が来た。気持ちのいいお盆にふっくらしたティー・ポット、濃い感じのミルク、熱い湯を入れた銀製のつぼ。トーストの上に、見事な形のポーチド・エッグがのせてあり、そのゆでぐあいもほどよかった。ブリキのコップかなんかで型をとったこちこちのゆでの小さいやつでない。それにバターの大きなひとかたまり。マーマレードにハチミツにイチゴジヤム。うまそうなパン—中身が紙のように固いのでない—焼きたてのパン特有の匂いがある。

(世界で一番うまそうなにおいだ！)それにリンゴとナシとバナナもある。

アガサはリンゴが大好きだ。

『ポケットにライ麦を』でも「バター付きトーストの上にマーマレードを広げて塗った」という箇

所があり、アガサの朝食の好みがうかがえる。

　ともかく卵料理が多い。ベーコン・エッグ、スクランブル・エッグやオムレツなど。それにバターやサラダオイルが使われるが、野菜はトマトか玉ねぎぐらいである。

『バートラム・ホテルにて』には、また、セリナ夫人のこのようなセリフもある。

「ロンドンで、今でもほんもののマフィンがいただけるところって、ここだけしかありませんからね。……わたしが去年アメリカへ参りましたとき、朝食のメニュにマフィンなるものがありましてね。まるでほんもののマフィンとは大ちがい。乾ブドウなんか入れたおやつ用のケーキなんですね」

　わたしもバターをたっぷり塗ったトーストやマーマレードは好きであり、朝食には濃いアッサム紅茶にミルクやジャムなどを入れたのを飲む。マフィンは今や日本でも売っていて、珍しい食べ物ではなくなった。

　しかし、トーストも卵料理も紅茶もマフィンもイギリス人は伝統的な英国風でなければならず、上流階層は卵の茹で加減から紅茶の種類や淹れ方まで好みがあるのだとわかる。

　同じトーストやオムレツ、紅茶でもわたしがとっているものと、このアガサが重視するイングリッシュスタイルの朝食とどんなに違うのか一度味わってみたいと思う。

　しかし、それが毎日の朝食に出れば、和食が恋しくなるのはきまっている。『葬儀を終えて』の作品のなかにも、いろいろな御馳走が出てくるが、わたしは幕内秀夫氏の『粗食のすすめ』を思いだした。焼いたかますに大根おろし、納豆、かぶらの漬物、玉子焼き、焼きのり数枚に熱い味噌汁の朝食なら数日つづいても文句はいわないだろう。

四十八歳の頃、初めてイギリスの湖水地方にあるB&Bに泊まった時、ローストビーフと一緒に出されたヨークシャプディングというものを食べた。

イギリスに行く前、名物料理ときいていたので楽しみにしていたのだが、ナイフをいれると中身は何もなくふわふわで、ちょうどシュークリームの皮といった感じであり、味もそれに近かった。

ジョイスの『死者たち』の晩餐

時は一九〇四年一月六日。ところはダブリン。老齢のモーカン姉妹と姪のメアリー・ジェインの住まいで、毎年舞踏会が開かれる。姉は、足が弱ったが、家で初心者にピアノを教えている。妹は教会で、まだ歌手をつとめている。そしてメアリー・ジェインは王立音楽院を卒業して、教会のオルガン奏者である。

管理人の娘のリリーは彼女たちのための家事をしている。

生活はつつましいが、三人ともおいしいものを食べるべきだと思っている。このパーティの日は大雪であったが、次々と馬車がついて待ちかねている人々が姿を現し、挨拶が交わされる。

このような背景のなかで、親しい人々がテーブルにつき、肉を切り分けパンをとって会話を楽しむのであるが、そのテーブルの御馳走を、ジェイムズ・ジョイスはこのように描写している。

「テーブルには鵞鳥がのせられ、反対の端にはパセリの葉を散らした襞付きの紙を台にした大きなハムがある。ハムは外皮がむかれ、パン粉がまぶされ、脛にきれいな襞飾りが巻かれている。その隣にスパイスをきかせた牛の腿肉が添えられている。これら相対した両脇の間には、添え料理の皿が二列に並んでいる。赤と黒色のゼリーの二つの小さな寺院である、それぞれブラマンジュと赤いジャムの塊が山盛りに盛られた浅皿。紫色の乾葡萄の房や皮をむいたアーモンドが入った茎形の柄のついた緑色の大皿。密集方陣をなしているスミルナ産の無花果が入った対の皿。ナツメグをすり潰してかけたカスタードの皿。金銀の紙で包まれたチョコレートやキャンディがいっぱい入った小鉢。それに長いセロリの茎が挿されているガラスの壺。テーブルの中央にはオレンジやアメリカりんごがピラミッドを形成する脚付きの果物鉢があり、またその番兵としてずんぐり旧式のデカンターが二本置かれている。その一本にはポート・ワインが、もう一本には濃い色のシェリー酒が入っている。蓋を閉じたスクエア・ピアノの上には黄色の皿に盛られたプディングが待機している。その後ろにはスタウトとエールと炭酸水がその色によって並べられている」

この毎年の舞踏パーティを心待ちにしている人達と、それ以上に、迎える四人のミスの心配りには感動した。しかし、彼らの愉しみは飲食だけではなく、舞踏、ピアノ、歌があるのだ。音楽が会話だけの間隙を充たしてくれるのである。日本の家庭には楽器を演奏して客と共に楽しむなんて、余程の上流家庭でなければありえないことである。

そして男性が肉を切り分け、飲み物を注いで廻るなんてことも日本では滅多にない。わたしはパーティが好きだが、十四、五人の客を自宅に招いて夜通し歓を尽くすなんてできない。たとえ四、五人でも自分一人で買い物、料理、テーブルのセッティングなど考えると愉しさは遠退くのである。

平安時代の古典にみる食の貧しさ

大庭みな子の現代語訳『枕草子』は少年向けの文庫本なので、わたしでもすらすら読める。この本には御殿の配置図まであるので、文章だけではわかりにくい貴族の日常が目に見えるようである。清涼殿に昇殿できるのは、正真正銘の公家だけだが、その清涼殿の狭くて、みすぼらしい様子が配置図から読み取れる。

板の間に椅子もなく一日中いるには、正座は耐えられないから長い十二単衣のなかで足を立てたり、くずしたり、伏せたり、依りかかったりしているのであろう。

厨で調理する音や匂いも他の部屋に広がったろうが、平安時代の人は食事は何を、どう食べたのか、『源氏物語』は読んでいないが、読んだ人にきくと、やはり書いていないという。

食事はどの時代も毎日の楽しみだと思うのだが。

方弘という人が、豆をこっそり盛って小障子の蔭で食べて嗤《わら》われたこと、お膳のわかめをむしゃくしゃ食べている人のことなどが書かれている。わかめは、内陸の京都では貴重な食品だったのだろう。

「宮仕へする人のもとに来などする男の、そこにて物食ふこそいとわるけれ。食はする人もいとにくし」と宮仕へする女性のところに来た男が物を食べるのは、あさましい。また食事を出す女を見ると本当に腹だたしいと書いているが、食事をする姿はあさましいものと考えられていたようである。平安時代には食事が楽しみとならないほど、貧しかったのだろうかと考えてしまう。

坪井清足監修『天平の生活白書』を見ると、上級役人はシカやイノシシの肉、アユの塩焼き、アワビのウニ和え、クリ、シイの実、ワカメの汁などを食べていたとある。

これに比べて平安時代の食事が貧しいのは、仏教の普及による肉食の禁忌と遣唐使の廃止などで大陸との交通が天平時代より停滞したためであろうか。

藤原定家の『明月記』には鎌倉初期の宴会のメニューが記されているが、その貧相さに驚かされる。高杯に柏の葉をおき、その上にわかめを盛る。瓶子《へいし》の中に鳥の汁を入れて、紅の薄紙で口を包む。花橘の実を三脚の円筒型塗り物に入れ。飾りの折り紙に「伊勢物語」の歌を書く。

青瓶に酒を入れ、口に藤の花を挿す……他の三脚に飯を入れその上に飾りちまきを置いたなど飾りばかりが多く、実質的な料理の貧弱さは情けないばかりである。

しかし、この流れは現在の日本料理に尾を引いているようである。小さな屏風にお品書きを書き、一口ほどの魚の切り身や土筆四本を傍にあしらって上品そうに見せる料理は、外国の客を招いて胸を張れるものではない。中国人だったら、メインの料理はいつ出てくるのだろうと思っているうちにデザートとなってしまってビックリするだろう。

彼らにとっては「ままごとあそび」の量でしかないのだ。紫禁城や西洋の城と清涼殿を比較するのは見当違いとしても、日本料理に平安時代の流儀を真似るのはやめてほしいものである。

日本に来る観光客が旅館を敬遠する理由の一つは、続泊しても、同じような会席料理が続くことだという。

病床の子規の食事

子規の『仰臥漫録』にはその日その日の食事が記してある。

明治三十四年九月二日
朝　粥四椀、はぜの佃煮、梅干し、
昼　粥四椀、鰹のさしみ一人前、南瓜一皿、佃煮
夕　奈良茶飯四椀、なまり節、茄子一皿
此の頃食い過ぎて食後いつも吐きかえす
二時過ぎ牛乳一合ココアまぜて
煎餅菓子パンなど十個ばかり
昼飯後梨二つ
夕食後梨一つ
九月七日
朝　粥三椀　佃煮　こーこ少し（茄子と瓜）

昼　かつをのさしみ　粥三椀　みそ汁　西瓜二切　梨一つ
間食　菓子パン十個ばかり　塩せんべい三枚　茶一杯
夕　栗飯三わん　焼きさわら　芋煮
九月十三日
朝　ぬく飯三椀　佃煮　梅干し
　牛乳五勺（紅茶入り）　菓子パン二つ
昼　粥三椀　堅魚のさしみ　みそ汁一椀　梨一つ　林檎一つ　葡萄一房
間食　桃のかんづめ三個　牛乳五勺　菓子パン一つ　煎餅一枚
夕　稲荷鮨四個　湯漬半椀　せいごと昆布の汁　昼のさしみの残り　焼きせいご（註　スズキの幼魚・古くして食われず）佃煮　葡萄　林檎
十月廿六日
朝　粥に牛乳かけて三椀　佃煮　奈良漬
昼　鶏鍋　卵二つ　飯一椀　味噌汁　柿三つ　奈良漬
夕　鶏肉たたき　さしみ　柿　渋茶　ビスケットなど

寝てばかりの子規の旺盛な食欲に、すべての人が驚く。しかし、よく見ると主食はお粥である。むしろ食後に食べる菓子パンや果物の多さに仰天する。

九月の食事は日々、健啖な記録が続くが、十月に入ると菓子パン何個とか梨二個という記録はなくなり、容体は着実に悪くなっていくが、好物の柿は三個も食べている。

食べることは子規の最大の楽しみであり、一日一日の目的であり、生きていることの証しでもあったのだ。

米久の晩餐――群衆の宴（高村光太郎の大正十年の詩）

八月の夜は今米久にもうもうと煮え立つ。
鍵なりにあけひろげた二つの大部屋に
ぺったり座り込んだ生きものの海。
バットの黄塵と人間くさい流電とのうずまきのなか、
右もひだりも前もうしろも、
顔とシャッポと鉢巻と裸と怒号と喧騒と、
麦酒瓶《びーるびん》と徳利と箸とコップと猪口《ちょこ》と、
こげつく牛鍋とぼろぼろな南京米と、
さうしてこの一切の汗にまみれた熱気の嵐を統御しながら、
ばねを仕かけて縦横に飛びまはる
おうあのかくれた第六官の眼と耳と手の平に持つ、

銀杏返しの獰猛なアマゾンの群れと。
八月の夜は今米久にもうもうと煮え立つ。
室に満ちるタマネギと燐とのにほひを
蝎《さそり》の逆立つ瑠璃いろの南天から来る寛闊な風が、
程よい頃にさっと吹き払って
遠い海のオゾンを皆の団扇《うちわ》に配ってゆく。
わたしは食後に好む濃厚な渋茶の味わいにふけり、
友はいつもの絶品朝日に火をつける。
海鳴りの底にささやく夢幻と現実との交響音。
（略）
八月の夜は今米久にもうもうと煮え立つ
ぎっしり並べた鍋台の前を
この世でいちばん居心地のいい自分の巣にして
正直まっとうの食欲とおしゃべりと今歓楽をつくす群衆、
まるで魂の銭湯のやうに
自分の心を平気でまる裸にする群衆、
かくしてゐた隅隅の暗さまですっかりさらけ出して

のみ、むさぼり、わめき、笑ひ、そしてたまに怒る群衆、
人の世の内壁の無限の陰影に花咲かせて
せめて今夜は機嫌よく一ぱいきこしめす群衆、
まっ黒になってはたらかねばならぬ明日を忘れて
年寄りやわかい女房に気前を見せてどんぶりの財布をはたく群衆、
アマゾンに叱られて小さくなるしかもくりからもんもんの群衆、
出来立ての洋服を気にして四角にロオスをつつく群衆、群衆、群衆、群衆。

八月の夜は今米久にもうもうと煮え立つ。
わたしと友とは有頂天になって、
いかにも身になる米久の山盛牛肉をほめたたへ、
この剛健な人間の食欲と野獣性とにやみがたい自然の声をきき、
むしろこの世の機動力に斯かる盲目の一要素を与えたものの深い心を感じ、
又随所に目にふれる純美な人情の一小景に涙ぐみ、
老いたる女中頭の世相に澄み切った言葉ずくなの挨拶にまで
抱かれるような又抱くような愛をおくり、
この群衆の一員として心からの熱情をかけかまひの無い彼等の頭上に浴びせかけ、

不思議な滂刺の力を心に育みながら静かに座を起った。

八月の夜は今米久にもうもうと煮え立つ。

高村光太郎は料亭やレストランの取り澄ました雰囲気の食事に魅力は感じなかったようである。光太郎は『晩餐』という詩を大正三年に書いているが「米久の晩餐」は、その詩の延長線にあり発展したものであろう。

『晩餐』
暴風をくらった土砂降りのなかを
ぬれ鼠になって
買った米が一升
二十四銭五厘だ
くさやの干ものを五枚
澤庵を一本
生姜の赤漬け
玉子は鳥屋から

海苔は鋼鉄をうちのべたやうな奴
さつま揚げ
かつをの鹽辛
湯をたぎらして
餓鬼道のやうに喰う我等の晩餐

（『高村光太郎全集第一巻』より）

河上肇の獄中食

河上肇は戦前、京都大学でマルクス系経済学を講義していたが、学生が治安維持法違反で検挙されると、当局の圧力で教授を辞任した。その後は新労農党結成などの実践運動に従い、一九三三年検挙され、懲役五年の判決をうけて投獄された。

次にあげる河上の日記は、戦争終結後の一九四六年に、獄中における食事を回顧して記したものである。

「監獄の味噌汁には、いつも削鰹が相当多量に用いられていた。今吾々市民の一般家庭では、もう久しい間、鰹節というものを買うことが出来なくなっている。……小菅では正月の献立が毎年ほぼ決まっていた。試みに昭和十一年度の献立をしめすと次の如くである。

一月一日　朝　飯のほかに菱形の大きな切餅三枚、豚肉、牛蒡、馬鈴薯の煮付。昆布巻き二個。

昼　数の子。紅生姜。豚肉、牛蒡、馬鈴薯の煮付。大根、人参のなます。
夕　黒豆甘煮。ごまめ。
一月二日　朝　すべて元日に同じ。但し果物は蜜柑のかわりに林檎《りんご》。
昼　すまし汁。鶏卵一個。きんぴら牛蒡《ごぼう》。蒟蒻《こんにゃく》の白あへ。
一月三日　朝　元日に同じ、但し果物なし。
昼　豚肉、牛蒡、馬鈴薯の煮付。数の子。
夕　牛蒡、人参、里芋の煮付。鶉豆《うずらまめ》甘煮。
一月四日　朝　味噌汁。
昼　鹽鮭。
夕　油揚、葱の煮付。

今度の正月にこの程度の献立の出来ぬ家庭は随分多いことであろう。私のところは、肉も牛蒡も昆布巻きも塩鮭も油揚も、とても手に入りそうにない。

要するに刑務所時代の食物に関する一切の思い出は今の一般国民の栄養状態が平時の懲役人食糧より悪くなっているということを断定せしめるに十分である」

昭和十二年二月三日の節分には昼は牛肉飯、晩は蕎麦。二十四日には饅頭三個が出たと日記に書いていたとあるが、河上肇は現在の国民の栄養状態は平時の懲役人より悪くなっているといいたかったのである。

敗戦直後の河上の住む京都の配給量は二人家族の世帯では一日の量がどうかすると薩摩芋一個、または大根四分の一、または白菜半分などという場合があった。

山田風太郎の食事日記（『あと千回の晩飯』より）

風太郎が食事のメモをとるようになった動機は、前日に喰ったものを翌日には忘れてしまうこと、池波正太郎が食べ物の随筆を何冊も書いているときいて、自分も書いてみようかと思い立ったというのである。

そのメモは昭和六十三年十二月のものであるが、今もこの食事の献立と同じようなものであると述べている。ただし、風太郎の食事は一日二回である。

十二月一日（木）晴
朝　チャーハン、スープ
夕　スキヤキ。今日のスキヤキは、明治村見物の際「牛鍋店」で真っ先に砂糖をしきつめる順序にならう。なるほど肉が焦げない。
十二月二日（金）晴
朝　昨夜のスキヤキの残り。

夕　豚のショーが焼き、キスの塩焼き、アップルパイ、お新香。
十二月三日（土）晴のち曇り
朝　ラーメン。
夕　ワタリ蟹、イカとタコと蕗と大根の煮物、イカの明太子和え、モロミ味噌、昆布、お新香。
十二月四日（日）午前うすら日、午後曇り
朝　前夜の煮物、ホーボの味噌汁
夕　アップルパイ、牛と豚のショウガ焼き、ブリの照り焼き、朝鮮漬け、ウグイス菜の漬物。
十二月五日（月）晴れたり曇ったり
朝　ウナギ茶漬け。
夕　ミートソースのスパゲッティ、干しがれい、昨夜の豚と牛のショーガ焼き残り、パンのガーリック・トースト、大根と高菜の刻み。
十二月六日（火）晴れ
朝　そば屋にててんぷらそば。
夕　鯛のかぶと煮、アップルパイ、玉子焼きと牛肉のつくだ煮と鯛のみりん干しの盛り合わせ、煮大根、おにぎり。
十二月七日（水）晴れ
朝　餅がゆ。

夕　牛肉とピーマンの千切り、鯛の塩焼き、蟹と胡瓜もみ、冷ややっこ。
十二月八日（木）晴れ
朝　卵入り納豆飯、花がつをかけほうれんそう草おひたし、鯨汁。
夕　チーズの牛肉巻き、野菜サラダ、鯛の塩焼き、大根とサヤエンドウの煮物、五目飯。
十二月九日
朝　食欲なし
夕　鰻のカバ焼き、チーズの牛肉巻き、油揚げ厚揚げ、蓮根の油いため。
十二月十日
朝　朝七時就寝、午後二時起床、従って朝昼の食事ぬき。
夕　牛さしのサラダ菜包み、合鴨のロースト、えのき茸のうす切り豚巻き、チーズ、餅、芝えびの唐揚げ春巻き包み、パンプキンのポタージュ。
十二月十一日
朝　狐うどん。
夕　納豆とひき肉のレタス包み、フランスパンとチーズ、まぐろの刺身、ちくわと蓮根の煮物。

風太郎の食事日記は十二月十四日まで続いたが、献立の品書きを並べるだけでヘトヘトになり、「参った、参ったである」と書いて記録をやめた。

風太郎はその頃糖尿病を患い、パーキンソン氏病の徴候もあったが、五時から始まる夕食にはビールとオンザロックを欠かさなかった。彼は七十九歳で死亡するので、これを書いた七十二歳から計算すると、ざっと二千五百回の晩飯を食べたことになり、「あと千回の晩飯」より千五百回も多く食べたことになる。

西太后の食卓

清国西太后の食事風景は女官張徳齢の回想記によるものである。徳齢は駐フランス公使裕庚の娘で、西欧諸国の外交官とその夫人たちや記者が宮廷を訪れてきたときに、なくてはならない通訳者であった。回想記のなかに西太后と食事を同伴する場面がある。長いのでところどころ省略して記すことにした。

「中庭の宦官がお料理を入れた箱を持って、部屋の入口の宦官に渡しました。陛下は好きなところで食事されるので、食堂としてのきまった場所はありませんでした。

お料理の品数は、百五十種類ほどでした。一列は大鉢、一列は小皿、もう一列は小鉢といったように何列も並んでいました。陛下の前の小さなテーブルには、干して砂糖漬けにした蓮の実や西瓜のタネやいろいろ手を加えたクルミ、薄切りにした季節の果物などが並べられました。このあと宦官がお茶を持ってきました。お茶碗は純粋の白玉、茶托と蓋は純金のものです。一つには吸い殻が、もうひとつにはバラの花びらが入っています。陛下は花をいれるとお茶がたいへん香ばしくなるといわれ、そなたらもこのお茶をのんでみよ、といわれました。

お茶が終わると、陛下は次の間に参ろうといわれました。

『立ったまま食べさせるのは気の毒だが、ご先祖の掟を破るわけにはいかぬ。わらわの前では皇后でも腰掛けるわけにはいかぬのじゃ。外国人は野蛮だと思うにちがいないから、その前ではわらわは全く別人のように振舞うのじゃ』といわれました。

牛は役畜として使われる動物なので、殺して食べることは、大罪と見なされているのです。

この日は豚肉のお料理が十種類ありました。たとえば、紅白二種類の薄切のコールド・ミート・ボールで赤い方は豆からとった特製のソースで赤い色をつけて料理したものでした。またぶっきりの豚肉に筍をあしらったもの、豚肉の角煮にさくらんぼを添えたもの、家禽や羊のお料理も幾通りもありました。黄色の陶器の大皿には鶏とあひる、それに鱶のひれのスープが入っていました。ローストダックも出ました。あひると鶏は松の葉を詰めて香ばしい匂いをつけて、それを屋外のオーブンで焼いたものでした。

陛下がとてもお好きな料理の一つはこまかく刻んでローストした豚肉の皮をベーコンのようにちりちりになるまで揚げたものです。満州人はお米を滅多に食べませんが、饅頭《まんとう》はとても好きなので、いろいろな作り方のものや竜・蝶・花の形をしたものなどがでました。

スイートコーンや粟などの何種類ものお粥が出ました。陛下は肉のあとではお粥を食べるものだといわれました」

十　古本売ってフランスへ

㈠　本の整理を始める

本の大量整理を思い至った動機は、草森紳一氏の死と部屋のリフォームが引き金になって、本の行く末に想いをめぐらしたことである。

『本が崩れる』の草森紳一氏の死

『本が崩れる』（文春文庫）を読んだのは二年ほど前だった。

草森氏の狭いマンションの部屋は四万冊の蔵書が床に積み上げられ、寝る場所もないほどである。風呂場の出入りも困難で、氏は半開きのドアから身をよじって出入りしていた。ある時風呂から出ようとすると本の山が崩れて、戸が開かず人もよべず途方に暮れるが、こういう危機になれている氏は、部屋の隅にあった湯掻き棒に目をつけた。ドアの下にある隙間に、その棒を差し込み、水平に何度も左右に振って本をはじき飛ばして脱出する武勇伝が述べられている。

床に積み上げられた本のなかでも、書棚に依りかからせて積み上げてあるものは天井まである。崩れた本や積んである本の題名を拡大鏡で見ると、『井上毅と明治国家』『日中両国近代化の比較研究序説』という学術書があるかと思えば『透明人間の告白』、中国の詩人『李長吉（李賀）詩歌集』『古代の霧の中から』『長崎奉行』など氏の関心の広さを示している。

六十六歳の草森氏は座敷机で仕事をするので、足の甲のしびれと腰痛、腱鞘炎（筆圧が強い）に加えて、四十年来のショートピースの吸いすぎ、一日七、八杯飲むコーヒーによる胃痛に悩まされながらの執筆という生活である。

わたしは、この人の本がもっと読みたくなって、『本の読み方 —墓場の書斎に閉じこもる—』を読んだ。〝緑陰読書〟の項で、草森氏は自然のなかでの読書は、自然の動き、つまり蟻の動きや蝶々のとぶさまなどに邪魔されるので気が散り、書斎がいいと述べている。

物書き人間の多くが、自然の中の読書に憧れるようなエッセイを書いているので、わたしも公園で実行してみたことがある。でも公園のベンチで読書すると、遠いところのベンチに座っている人の動きですら気になり、鋭い鳥の声や、羽ばたき、日光の当たり方、樹間を渡る風の音などにも気が散って、読書に没頭できなかった。

時勢も、殺すのは「誰でもよかった」という殺人事件など珍しくない毎日なので、当然近くを通る人の気配にも気をつけなければならぬ。

したがって、読書はやはり草森氏と同じように書斎もしくは自宅の庭ということになる。しかし、草森氏は二〇〇八年三月にマンションの書斎で死去された。実際に書名のとおり書斎が墓場となってしまったのである。

それにしても草森氏は図書館の利用は嫌いであったらしい。「自分の本」でなければ本気で読むことができないと、自分でも認める物書き人間であった。物書きでなく「読書人」なら、こんなに本は蒐集しないであろう。

草森氏のことを考えていたら、亡き福山のことが思いだされてきた。彼は結婚して広いマンションに住むと、わたしを食事に招待してくれた。書斎というものはなく、広いどの部屋にも天井までの本棚にぎっしりと隙間なく本が並んでいた。すべての部屋が書庫であった。わたしはそれらの本を眺めて驚いた。

『弘法大師空海全集』や密教関連の本がずらりと並んでいるかと思えば、『ヒットラーの戦い』や現代政治に関連する本も多く、明治維新や古代史の歴史書など幅広い分野の蔵書があった。

彼は草森氏と同類の読書人だったのだと思った。次から次と興味が広がるとたちまちその方面の書籍を買い集めて読むのだが、そのうちまた新しい分野での何かに関心が移ると、また蒐集を始める。結局知識は増えるが深く追及するまでに至らず、ある分野での専門家として遇されないのである。

福山は死に方も草森氏と似ていた。ビールやウイスキーを飲み続けて肝臓を悪くしたが、あまり節制せず、医者嫌いで通院もせず、最後は入院する羽目になった。

付き添いの夫人といっても、彼女は福山の後輩であり、それはまたわたしの後輩でもあるから、気が置けないのであるが、その言によると、ベッドで本を読んでいた福山の手から突然本が落ち、昏睡状態になった。しかし、深夜に一度目を覚まして「あ！　左手が動かない。右手で煙草持って、左手で本のページめくるの、できなくなる」と、いったのが最後でしたとのことである。

わたしは「いかにも本好きの福山らしい往生だ」と羨ましさを覚えた。

草森氏は彼より後で亡くなったが、ほぼ同じような往生ではないかと思った。

わたしは草森氏ほどの蔵書量もなく、酒・たばこものまないので本で圧死したり、不摂生がたたって急逝したりはしないだろうが、「おひとりさま」のことではあるし、残り少ない時間を想うと、思いきって本を整理しようと考えた。

流行りの「断捨離」や「終活」をする気は毛頭ない。「断捨離」が必要な家具や置物、アクセサリー、衣類などはほとんどない。

だが、わたしは自分が突然死したあとの本たちの運命を考えた。高名な学者や作家・思想家たちの蔵書が、死後に親族らの手で売り払われ散逸してしまい、その思想の形成過程などの研究ができなくなったという嘆きの声をよく耳にしたり目にしたりする。

わたしは無名の趣味人であるから散逸しても、どうということはないが、全く書物に無関心な人達に二束三文で売り払われるのは、やはり書籍がかわいそうな気がする。

わたしの親族に本好きの人間はいない。せいぜい髷《まげ》ものか推理小説を読む程度であるから彼らに残す必要はない。図書館や大学への寄贈は昨今嫌がられる。中国の大学に寄贈すれば喜ばれるそうだが、運送費はこちら持ちということなので、その荷造りや費用と手間を考えると、二の足を踏まざるをえない。

やはり死後は古本屋に売り払うのがよいと考えた。そうすれば本当に必要な、またはその本の愛好家の手に入って、本も適所に落ち着いて嬉しいだろう。

困るのはコピー類の山である。わたしが書くのは評伝の類なので、どうしても資料がたまる。それらをファイルに入れて本棚に置くと、どんどん書籍を駆逐してしまうので、書き終わればプラスチックの衣装ケースに入れてしまう。ところがその衣装ケースも増えていくので、処分しなければならないのだが、書籍以上に捨てるのに悩むのである。

苦労して探し出した資料をコピーしたものが多いので、捨てたりできない心境になってしまう。いずれは捨てる運命にあるこれらのコピーを、もう少し保存しておこうと思うのだが、ほかの著述家はどうしておられるのだろうか。

リフォームによる大量整理

本の大量整理をする第二の動機は、リフォームのことである。気が付くと入居以来、二十数年が経っていた。安物のカーペットは、スリッパなしに裸足で歩くと、足の裏がカサカサになり皮膚が剥《は》げるというもので、衛生上もカーペットの底の埃が気になっていたのである。

壁紙も継ぎ目が浮いたり、一部ではカビも生えている。平均寿命を考えると、まだこの家で十年は暮せると考えてリフォームを決心する。

カーペットを廃棄してフローリングにすること、天井と壁の壁紙を貼り直すことである。

A社とB社の見積もりをとって、A社にきめる。A社の人が防音仕様を勧める。

「ピアノも弾かないし防音する必要がありません」

「こけたときに衝撃がかなり違います」

わたしの顔を見ながら業者がいう。

「値段は普通の二倍ですけど、足に柔らかいですよ」

わたしは、この人から見たら「こける」ような老人なんだと思う。

工事は二日間で、三日後から実施してもらうことになる。

それまでに本棚の本をおろして移動しなければならないのだが、天井まであるリビングの棚を眺めれば眺めるほど、その量と重さが思いやられた。

二階は一階の倍以上の本があるが、『国史大辞典』一六冊以外は、そう重くはない。ガラス戸付き本箱が七個、スライド式本箱一個、造りつけ本棚一つ、文庫用本棚二個、カラーボックス三個は一階の本棚に比べて移動させやすい。

手伝いに来てくれた姪と二人で二階八畳の和室にフローリングをする部屋の本を何度も運ぶ。ぎっくり腰になる恐れは杞憂に終わったが、疲れて食欲はなく夕食は天麩羅そばだけとなる。

こうしてカーペット敷だった玄関、リビング、二階の書斎がフローリングとなった。壁もきれいになって、新居に移ってきたかのような爽やかな気持ちになったものの、今度は下ろした本を棚や本箱に入れ直す仕事が残っているのだ。

一階には全集類が多いので、姪に整理を任せて二階の雑多な単行本や文庫の整理にあたることにする。姪に「全集類と文庫だけ、どこでもいいから並べておいて」という。

文庫本を新聞紙で包んだ大きな包みが三つ、本棚の天井スレスレのところに押しこんである。開くと石坂洋次郎『若い人』、上野英信『天皇陛下万歳』、田岡嶺雲『明治叛臣伝』、ヘレーン・ハンフ『チャリング・クロス街84番地』、板垣退助『自由党史』、小島直記『洋上の点』『日本策士伝』司馬遼太郎『坂の上の雲』などが出てきた。

『若い人』は絶版文庫だけどなぁと少し考えたが、もう読む気はないので、これも含めて処分する方の山に置く。他の包みを開くと、池内紀『ひとり旅は楽し』、高坂知英『ひとり旅の楽しみ』、『ひとり旅の手帳』『ひとり旅の設計』という題の本が出てきた。

四冊も「ひとり旅」本を買いこんで、よほどひとり旅に憧れていたのかしらん、とぱらぱらと高坂氏の本のページを繰る。この本はノウハウが中心で、大橋巨泉の旅と似たところがある。

池内氏はいい宿としての条件をこう挙げている。

「掃除がゆきとどいて部屋が静かでシーツが洗いたてであれば、一夜の宿はそれで十分。食事は通常の料理にその土地ならではのものが二つばかりつく程度で、料金が一万円から一万五千円どまりがよい。いい宿を知っているのは、ひそかな財産。固定資産税を払わずに別荘をもっているようなもの」

旅の広告に、よく一名様いくらと表記があるの見て、「安い！」と旅心をおこしても、大抵は二名様一室や四名様一室でのお一人様の値段である。こういう旅館に限って週末は別料金と書いている。高い料金を払っている客に、さめたままの天麩羅を平気で出す大旅館には泊まりたくない。調理場から客室までが遠いのか、大勢の団体客に一度に天麩羅をあげる設備がないのか、大旅館ほど熱いはずの料理が冷めている場合が多い。

ホテルはひとり旅ときいて旅館のように敬遠しないところはよいが、レストランで一人黙々と食べたくはない。特にコース料理の場合、次の料理が来るまでの合間は困る。話し相手がなく、本を読むのも気障《きざ》だし、黙然と料理を待つのはいやだ。

こじんまりした清潔な旅館で、あまりこまごましたサービスはなく、温泉があれば最高である。しかし、そういうところはやや清潔さが問題なのが現実である。どてらや布団に先客の体臭やたばこの臭いの残っているものを畳んで済ませているところもある。

第二はホテルの照明が暗い。ホテルの客はテレビだけ見て、新聞や本は読まないものときめているらしい。いつか友人と旅行した時、薄暗いライトの下で地図をみながら文句をいうと、友人はこういった。

「読書に暗いなんて文句いう人は少ない。ベッドでの楽しみは、薄暗い方がよいのよ」

そんなことを思い出しながら『ひとり旅』の本を売る方に積んで、ギボン『ローマ帝国衰亡史』（筑摩学芸文庫）一〇巻を売るか売るまいか考えていたら

「一応整理したから見てください」と姪が二階に上がってきた。

床に座り込んで読み漁っていたわたしは夢から醒めた気分で顔をあげ、「有難う」といい一階に下りると以前の通りに並べられていた。

「本を下ろす前に、デジカメで写真をとっておいたの」

と感心至極なことをいった。

ここへ引っ越してからも蔵書は数回にわたって売却しているので、移転した当初の本棚の写真をとっておけば、一階の本棚の本がどれだけ入れ替わっているかわかるのにと、残念に思った。

シリーズものでは、『現代日本思想大系』五冊、日本交通公社『人はなぜ旅をするのか』一〇巻、朝日百科『日本の歴史』、雑誌『ヒストリア』（大阪歴史学会）三十冊、その他単行本百冊余を売ることにしたが、売るのを少し躊躇《ためら》ったのは杉浦民平『渡辺崋山』である。崋山が好きなので手元におきたいのだが、いつも酒をのみながらの話という描き方が不満なので売る方に仕分けた。

この第一回の古書売り上げは三万円ちょっとであった。

一か月ほどして第二回目の古本売却を実施した。

『東洋的回帰』など花田清輝の著書を数冊、全学連に人気があったという滝沢克己『聖書入門』五

巻、ユング心理学関係の本数冊、『夕陽妄語』など加藤周一の著書数冊、『日本歴史古記録総覧』上下、大島清『日本恐慌史論』上下、広瀬隆『赤い館』上下、大西拳人『神聖喜劇』数巻などである。売るのが少し惜しいと思う本は、古島一雄校閲『観樹将軍回顧録』だけである。これは高橋是清の評伝を書いたときに利用したので愛着があり、また大正時代の刊行なので貴重本ではないかと考えたためであるが結局再読はしない本なので売った。

もう再読はしない本でも、自著の参考にした本には愛着がある。

三万円で売れたのは、『近江日野町史』三巻である。全体では六万円ばかりであった。

二か月経過して三回目の売却を敢行する。

『日本プロレタリア文学大系』全九冊は滅茶苦茶安かった。反対に高価な値がついたのは石井孝『明治維新の国際的環境』、『明治功臣録』二巻(一九一五年)であった。また岩野泡鳴『燃える襦袢』(初版)も高値がついた。その他百冊ほどで三万余円を頂戴した。この高値がついた三冊は古書店で買ったものなので、少し儲けたといえるが、全体から見れば、もちろん買値の半分にも達していないといえる。

年を越した一月、四回目の古書売却を実施。

日本史籍協会叢書五期分の『岩倉具視関係文書』四冊、『甲子雑録』三冊、『東西紀聞』二冊、『鳥取池田家文書』など。服部之総の『絶対主義論』、『大正デモクラシー論争史』、『日本の近代化と民衆思想』、『近代の誕生』『吉野作造論集』など一一〇冊、このうち串田孫一随想集の数冊に未練が残った。それは若い頃、よく山へ行った時の気分に合ったので何度も繰り返し読んでいたからである。

でも今読むと感性があわなくなっているので売る方に回した。

この頃になるとネット（日本の古本屋）で古書の価格を見ることができるので、売買価格にあまり大きな差はなくなった。したがって古書店から昔のように、人に自慢できる掘り出し物を手にすることも稀になってしまったのである。ただ同じ本でも出版年代や装丁、絶版かどうかなどで多少価格に差がつく程度である。

『横井小楠遺稿集』と大正時代の大阪市長の日記『関一日記』、『続堺市史』八巻、『大西郷全集』三巻が高値だった。古書店の人は「大西郷全集は復刻版が出るまでだったら三冊で三万円以上しましたが、今では三冊で一万円です」という。

『続堺市史』は数年前に、「これを今売ってもらえたら、買った時の値段で引き取ります」といわれたが、まだ読んでもいないので首を横にふった。今になってみると、売らなかったのが無念である。

こうして本箱が二つとカラーボックスが二つ空いた。本箱の一つはお向かいの家に引き取ってもらい、カラーボックスは卒業生が欲しいというのであげる。残りの本箱は粗大ゴミに出した。

これで売却した本は全体で千五百冊は下らないと思うが、はっきりはしない。

古本は今までに何度も売っている。合計すると三千冊以上になる。物書き人種の中には、「本が溢れて困る」といいながら実は楽しんでいる人が結構いる。わたしは本棚が満杯になって置く場所に困るようになると、古書店に連絡して買い取りに来てもらうことにしていたが、リフォームは今までより、思い切って本を大量に売る機会を提供してくれたのであった。

(二) 古本売ってフランスへ

退職してすぐに大学院のフランス語系に入った友人の勉田さんがフランスへ行くというのでわたしも連れて行ってもらうことにした。川村さんも行くというので三人がフランス新幹線でパリからマルセイユ、プロヴァンスの旅をすることになった。

この四年間に売った本の売上げは二十二万円ほどになっていたので、これを旅費にあてることにした。

H・I・Sでエールフランスの航空券を買う。関空からパリ、マルセイユからパリ、パリから関空までの往復が六万二千円、それに空港使用料、燃油サーチャージ、フランス出入国税、手配料金など合計して十万九千円である。関空を十二時五〇分離陸。機内食に焼き立てのあの長いフランスパンが一本とスズキのバジルトマトソース・南瓜、ポテト、さやえんどうのサラダにチーズ添え・チョコレートケーキにコーヒーが出た。さすがは美食のフランスなり!と喜んでいるうちに、現地時間の五時頃ドゴール空港に着陸した。

その日はパリに泊まり、翌日から新幹線で停車駅に下車して、最寄りのホテルに二泊して行くのである。ストラスブールは国際会議があってホテルがとりにくいので、コルマール駅前のプリストホテルに泊まることに。荷物をホテルに置いて駅構内のレストランで夕食をとる。わたしは七面鳥のカレーにしたが、日本とは全く違う味で、お米が拙い。しかもカレーの色が日本人に定着しているものと違ってパステル調のクリーム色である。わたしはたちまち食欲を喪失した。こんなことでは沢木耕太郎の『深夜特急』どころか、旅行社主催のツアー旅行ですらできないと思った。

翌日は列車でストラスブールへ遊びに出かけたが、わたしは疲労感が取れず先にホテルに帰ることにした。掲示板をみるとコルマール行きが五分後に発車するとある。わたしは列車に乗ってから、「この列車はコルマール行きか？」と英語の単語を並べて尋ねると、付近の乗客は「うん、うん」と頷く。

夕刻になって二人が帰ってきた。勉田さんがドアを開けて

「帰ってる！　大丈夫よ！」と川村さんに叫んだ。

「もし列車を間違えれば、スイスへ行ってしまうから心配だったんですよ」

と勉田さんがほっとしていう。

次のリヨンでは駅近くのノボテルホテルに投宿。トラムに乗ってベルクールでおり、旧市街を歩く。サン・ジャン通りで昼食。わたしはオニオンスープとパン、川村さんはプラットドジュール、勉田さんはリオン風サラダをとる。フランスではコーヒーといえばエスプレッソであるが、そんなに苦くはない。日本のエスプレッソより、やや薄い。

勉田さんはそのあと書店に行くというので、わたし達もついていく。

彼女は博士論文に「シモーヌ・ヴェイユ」を書くので、その資料を集めているのだ。

わたしは彼女が物色している間に漫画本を見ていた。文は読めないが画がとても綺麗で、刷りたて

のように鮮やかであるうえ、日本では消えてしまったインクの匂いが漂ってくる。漫画のインクの色も紙質も日本と違った。

印刷の鮮やかさが購買欲をかきたてたが、英語ならまだしもフランス語なので断念する。

「今年はヴェイユの生誕百年だから」

勉田さんは五冊の新刊書を抱えて嬉しそうだった。

わたしは二重買いになった本を発見すると、友人に何割か引いて押し付ける癖があるのだが、その被害を最も受けているのが、勉田さんなのである。同じ本が二冊出てきたとき、わたしは勉田さんに電話する。

「勉田さん、××の本、持ってる?」と問う。

「持ってませんけど」

「この本買ってたのに、忘れて買ってしまったの。三割引くから買ってくれる?」

「はい。買います」

という簡単なやりとりで交渉が成立する。時には半値で買ってもらうこともあるが、「あげよう」といった記憶はない。

六時閉館の観光局に滑り込んで、日本語の観光案内書『リヨン』を八ユーロで買った。

日本円で約一〇五〇円である。六十四ページの上質紙を使ったカラフルな写真も多い本であるが、日本語の文章が、文法上日本語になっていないのと、論文調であるため、よけいに論旨が不明な箇所が随所にある。フランス人が執筆したらしく署名もあるが、誰も指摘しないのであろうか。

　七時頃ホテルに帰る。疲れがたまらないように三人とも一部屋ずつとって眠る。

　リヨンからマルセイユ行の切符を買うとき、老人割引があると駅員に教えられる。

マルセイユに着くとマリン関係の会議があってホテルは満員の状況であったが、勉田さんが交渉してくれて二つ星のシュド（南）ホテルに一泊することになる。シュドホテルのマスターが電話をあちこちにかけて、やっとエクス・プロバンスにホテルをとってくれたので、プロバンスに二泊することになった。

ミラボー通りにあるホテルネグロコスト（筆者画）

　わたしたちはプロバンスのミラボー通りにあるホテルネグロコストに荷物を置き、駅前のツーリストビューローでバスの時刻表を見ていると突然後ろから日本語で尋ねられた。

「日本の方ですか。どこから？」

「ええ、大阪からきました」

「なつかしいわ！　わたしは東京出身なのですが、フランス人と結婚してここに住んでいます。息子は中学生です」

　わたしたちは、セザンヌのアトリエに行く方法を教えてもらうことにした。

　彼女は駅前から出ている小型の電気自動車を指差して「8番に

乗れば十分ぐらいでセザンヌの丘に着きますから、あれが便利です」という。

「セザンヌのアトリエに行くのは、ほとんどが日本人です。たいしたものはないようですが、アトリエは日本人の寄付で維持されているのですよ」と、きかされた。
五、六人乗りの電気自動車はわたしたちの貸切状態であった。下車して坂を登っていく途中に、老人ホームがあったので、中をのぞくと自動的に門がしまったのには驚いた。
わたしは勉田さんに勧めた。

「ヴェイユの論文書いても売れないと思うよ。フランスの老人ホームとか、フランスのおひとりさまなんて本を書いたら」

勉田さんは、賢いのでわたしの相手にならずに笑った。

「それにはかなりの投資が必要でしょう。わたしはそんなお金がありません」

話をしながら坂道を登っていくと、先ほどの老人ホームの入居者らしきおじいさんが、介護の人の誘導する道の反対側に行こうとしてもめている。でもやさしい感じのおじいさんであった。

翌朝コンチネンタルの朝食をとった後、広場の朝市に出かける。

朝市には古本が並べられているコーナーがあった。各ページに挿絵がある辞書のような分厚い二巻本を見つけた。中世の物語のようである。挿絵が詳細で面白そうなのだが、フランス語はダメなのが悔しい。本は諦めてオリーブ七〇パーセントの石鹸三個で五ユーロ、南国風ボウルを五ユーロで買う。

勉田さんはオリーブ一〇〇パーセントの石鹸を目方で買っていた。川村さんは皮の鞄を買った。

「もう一日、プロヴァンスにいたいね」と三人はいいあったが、条件は許されず、翌朝は日本に帰るためマルセイユからパリまでの飛行機に乗った。窓からヨーロッパアルプスの山々が遥かに、だがくっきりと見えた。

関空行きの機内で即席ラーメンを自由にとれるので、食べてみるとスープがほとんどないのに、とても美味しかった。カップの印刷文字を見ると製造は日清製粉である。帰国して日清製粉に「機中で食べたラーメンが美味しかったのですが、日本ではどこへ行ったら買えますか」と電話する。

しばらく待たされた後の答えは絶望的だった。

「その製品はドイツの工場で生産しているもので、航空機の機内食としてのみ販売しているそうです。せっかくお問い合わせくださったのに、すみません」

持ち帰ったフランスパンも機内で湿ってしまい、到底フランスで食べたものとは思えない味になっていた。向こうでは表面がカリットして中がやわらかいのに、日本で売っているフランスパンは柔らかすぎるのである。総体に日本の食パンはなぜ柔らかいのだろう。

日本人のパン食は「あんパン」から出発したのか菓子パンが主である。朝食に「菓子パン」を食べる家庭がかなりあるがわたしはご免である。フランス新幹線ではバケットに、ハムや野菜を挟んで食べたが飽きなかった。

去年だったか、ＴＶでパリの有名パン屋が東京に出店するといっていたが、はたしてフランスにおける風味と同じものかどうか、試食してみたいものである。

十一　珈琲と読書

読書三昧といっても、わき目もふらずに何時間も本にのめり込むのは、どんな人だろう。作家は、ほとんど読書を楽しむより書くことに生を燃焼させているはずである。

学者や資料を読む必要のある物書き人間は、読むのに没頭するであろうが、これを読書三昧人間に擬するのは適当でないと思うのだ。

読書三昧というような読書に没頭できる人は、時間があり経済的余裕のある人であろう。

学生時代には翻訳長編小説や推理小説に熱中できた。今は退職して好きな本を手に読書三昧生活ができる身分になった。そしてつくづく思うには、なにより読書が趣味でよかったと思う。図書館を利用すればお金がかからない、何時でもどこでも実行できるなどその長所は多い。

しかし、物書きでも、趣味の読書家でも時々息抜きに、眠気を覚ますために何かがほしくなる。

日本茶が好きでも、お茶を横においてがぶ飲みする人はあまりいないようである。

お茶が好きな人は玉露や上等の煎茶をいれて和菓子と一緒にのみたがるものである。

そうすると一旦は読書を中断して、ゆっくりお茶を楽しむことになる。

その点コーヒーは、カップを片手に本のページをめくりながら飲むことができる。

したがって、読書家はコーヒーか煙草を読書の友にしている人が多い。

草森氏のように、一日に七・八杯ものむ人はインスタントかドリップ式のコーヒーですませているのではないだろうか。

レイモンド・チャンドラーの『長いお別れ』にはコーヒーを沸かしたり飲んだりするシーンがいやに多い。マーロウ探偵は相当なコーヒー通であるらしく「コーヒー沸かしにコーヒーを量って淹《い》れたり、湯が沸騰しはじめるとガラス管の先に泡がたまり……」などと昔のコーヒーメーカーでコーヒーを飲む手順にうるさい男である。

ソファに座り本に囲まれた環境で、美味しいコーヒーをひとに淹れてもらって飲むのが理想的だという人もいるが、わたしは飲みたいときに、自分で好きなように淹れて、好きなカップで場所を気にせず飲んでいる。

わたしがコーヒーを飲みだしたのは三十歳代で、それもインスタントコーヒーであった。その頃インスタントのコーヒーが輸入されて急速に広まったのである。

確か昭和三十年代中頃、森永のクリープが販売されていた。

「クリープを入れないコーヒーなんて」というＴＶコマーシャルをよく見たが、職場でもクリープをいれて飲んでいた。

職場の帰りに同僚と喫茶店でコーヒーを飲むと心臓がドキドキした。同僚も同じような体質であったとみえて、

「また心臓がドキドキする」「インスタントでないとダメだね」といいあった。

それが今では毎日、モーニングカップに三杯はのむ。ただし、薄い軽いコーヒーである。

わたしは書物からコーヒーの淹《い》れ方や、ちょっとした食事のことで教わることが多い。

例えば村松友視の『骨董通りの0番地』に「コーヒーを最高においしく味わう方法」というのが述べられている。

「コーヒー豆の表面には、えぐい味のもとになるものが覆っている。それを先ず百度の湯で洗い流す。百度の熱湯で豆をふくらませたら、その下に落ちたのを先ず捨てる。漉《こ》し紙のコーヒーの水分が流れ切った頃、ヤカンの湯がちょうど八十度くらいになっているので人数分のカップで量って上からじっくりお湯をしたたらせていく」

しかし、わたしはこれを簡略化している。コーヒーペーパーに挽いた豆を入れて、その上から熱湯を注いでざっと洗い流し、それからまたお湯をコーヒーにそそぐだけであるが、気のせいか美味しく感じるのである。

ある日来宅した友人に村松式コーヒーの淹《い》れ方を伝授した。

友人は「美味しいけど」と前置きしてこういった。

「これは豆じゃなく粉になっているんだから、コーヒーを洗うという意味はないのよ。蒸らす作用

があるだけでしょう」といった。

「なるほど」と思ったが、今でもフィルターのコーヒーにさっとお湯をかけたあと、ゆっくりとお湯を注ぐのである。

黒井千次『珈琲記』を読むとコーヒーの飲みかたがわたしとよく似ている。

初めは電動ミルで豆を挽いて、コーヒーメーカーに入れていたが、琺瑯《ほうろう》引きの濾過器に漉《こ》し紙をセットして粉を入れて熱湯を注ぐだけである。お湯は魔法瓶からではなく、ヤカンの熱湯を注ぐのも同じだ。新聞・テレビを見ながらゆっくり飲めるのも自宅がよいというのも同じである。

氏はわたしと同年代である。衣食に趣向を凝らす質《たち》ではなく、また無精《ぶしょう》で無造作というわけでもない。強いていえば、戦中少年の戦後派であるから実質的合理主義を無意識に実践しているだけであろう。

ところが、昨今はスタバの狭い机にパソコンを開けて見ていたり、文庫本を読んだり、ノートに何か書いていている若い人達がやたら多い。こんなところでは気が散るのではないかと思うが、隣の人と接触するほどの狭いスペースでも平気である。

彼らはそうすることが恰好いいと思っているに違いない。そうでなければこのような窮屈な場所で読んだり書いたりするはずがない。

何年か前までは、街角の落ち着いたカフェを見つけると、ここでお茶をのんで少し本でも読んで行こうかと思う店があったが最近はほとんどない。

東京・大阪では何年も前からすでにカフェ併設の書店が増えている。

老齢になると広い書店内をアチコチ歩き回っただけで、足が痛くなり喉も乾くので、ちょっと腰掛けたくなる。

だから店内にコーヒーショップがあると大いに助かる。コーヒーのいい香りが漂うと、休んでから、また目当てのコーナーへ探索に行くつもりになってショップに入ってしまう。

本が売れない昨今は、出版社や書店が他業種と提携しながら書店の改革を模索しているので、コーヒーでお客が増えるのならと、コーヒーショップを店内に設ける店が増えているようである。

ところが、本棚から読みたい本を抜いてきて、コーヒーを飲みながら読むことができるという店もある。「自分の本」になる前の本が、コーヒーの飛沫で汚れるという危惧を店側も読む側も考えないのだろうかと思う。

本を比較して買えるようにという配慮から机と椅子を並べている大型書店もあるが、堂々とメモしたり、旅行案内書に折り目をつけてノートに写している客もある。なかにはただ読みをして帰る客もある。

昨今、いろいろなサービスで客を取り込もうと苦心しているのはわかるが、行き過ぎると客のモラルが低下するのではないか。

わたしは書店の領収書を持参している人には割引してコーヒーを提供するぐらいのサービスか、街のコーヒーショップよりも廉価にする程度でよいと思うのであるが、どうであろうか。

一九九〇年代に中国人留学生とお茶を飲みながら話をすることがしばしばあった。そのとき彼らが飲むのは日本茶かウーロン茶である。「最初に日本へ来た頃は日本茶が青臭いというか生臭く感じたが、今では美味しい。でもコーヒーは嫌い」という人が多かった。

わたしはビジネス社会になったら中国の都市にも喫茶店がはやると思ったので、彼らに「北京で喫茶店を開いてみたい」といった。すると即座に「中国では喫茶店は採算があわない」と反対された。その理由は「中国人は店に入ったら、いつまでも話をして出て行かない」というのである。

しかし、二〇〇〇年になって北京や上海に行くとスタバがあった。誰も入っていない店で、コーヒーを飲むと日本の二倍ぐらいの値である。入ってくる中国人は富裕層かビジネスマンらしき人々である。物珍しい飲み物を試しに来たのか、ビジネスの打合せをするために来たのか、学生には高すぎる値段である。なるほど中国人はコーヒーが嫌いな人種だと合点がいった。

ところが今や中国にも喫茶店はあちこちにあり、珍しいものではなくなったが、やはり日本以上にお茶文化の中国ではジャスミン茶や普洱《プーアール》茶・茉莉花茶・菊花茶・ウーロン茶などの外にもいろいろあって、中高年は茶館に出入りする人が多いときいた。

若い時はコーヒーは心臓がドキドキして健康に悪いと思い、好んで飲むことはなかったのに、いつ頃からかコーヒーを毎日飲むようになった。中国人もコーヒー嫌いといっても、若い人はだんだん慣れて手軽にのめるコーヒーが手放せなくなっていくに違いない。

二十年ほど前には、コーヒーには生クリームを入れなければ美味しくないと思っていたが、カップについた生クリームの油分がカップを洗う時、牛乳と比べてなかなか落ちなかった。それで、コレステロール値の高いわたしは代わりに牛乳を入れることにした。

またアイリッシュ・コーヒーはウイスキーを入れるらしいが、冬にはブランデーを数滴垂らして飲むとコクが出て身体も何となく温まる感じがする。

まあそれぞれの好みの豆や淹れ方で楽しんでいいのだが、コーヒーの好きな友人から飲み方について注意されたことがある。

むかつきはないけど胃が痛いと友人に話すと
「ストレスが続いてるのと違うの」と問われた。

「ストレスはないけど、一日中運動せずに、コーヒーを飲む量が増えたみたい」

友人はわたしの飲み方が悪いという。

「机にカップを置いて、始終ちびちびとチョコレートをかじりながらコーヒーを飲むからよ。それは胃に一番悪いと思うわよ。胃がゆっくり休憩する暇がないもの。もう終わりだと胃がほっとしたら、またしばらくして苦い液がやってくるんだからね」

「一日三杯のむとして、時間をあければいいの?」

「パソコン見ながら飲むのでしょう?」

「大体は」

「それが悪い。飲むときは音楽きくなり、リラックスしてTV見るなり、ぼーとして絵をみながら飲むのがいいと思うがなぁ」

「でもパソコン見ながら飲むのは時間的に有効だし、楽しいし、眠気を撃退できる」

「読書は前頭前野という脳の中枢を刺激するから、ボケないのよ。コーヒーも刺激的作用があるからいいんだけど、常に刺激してやったらストレスたまるわ」

「ストレスは感じてないのですけどね」

「あのね。意識するストレスと内臓の感じるストレスはまた別なんよ」

「そういえば、最近すぐ眠くなるので、飲みたくなくても、目覚ましに飲んでいることもある」

「習慣で飲むのはやめた方がいいよ。眠くなったら少し眠るのがベターよ。昼寝を十分すれば、健康食品を飲むよりいいと思うけど」

ここでわたしは疑問文を投げる。

「あなたは、実際に昼寝してるの？」

「うーん、そういわれれば昼寝してないわ。テレビ見ているうちにうとうとしてる時があるけど」

「ハハハハァ」と笑ってこの問答は終わったが、それ以来わたしはモーニングカップで一日三杯は飲んでいたコーヒーを二杯にするようになって、胃痛はおさまったのである。

十二　後期高齢者となって

(一)「後期高齢者」に仕分けされる

二〇〇六年のある日、突然電話できかれた。

「おばあちゃん、元気にしてるの？」

と中年男性の野太い声。

「どなたですか」と、とまどいながらきく。

「わたし××交番の者ですけど、七十五歳になったおばあちゃんのおうちを訪問することになってますので今日の午後行かせてもらいます」という。家に来られるのはいやなので
「そちらに行く用事があるので、お昼頃行きます」というと
「助かります」とのことなので交番に出頭する。

「あ、まだ若い……」と警官は書類から顔をあげてわたしを見る。

「七十五歳になったら家の周りを巡回してくださるのですか」

「いやぁ……そうではなく、悪いけど亡くなられたときに連絡する親族などをきいておきたいのですわ」とペンを持つ。

身元不明の死体がでれば、警察は仕事が増えて困るので予防のためにきいたのである。老人家庭を保護するためではなかった。

この年の秋、わたしは心斎橋大丸で突然左足の膝が痛くなって歩けなくなった。翌日整形科医院で、変形性膝関節症と診断された。医師は慣れた口調でいう。

「これはね、残念ながら老化が原因で骨がこのように擦り切れてしまうのです。元通りにはなりませんけど、筋肉を鍛えて骨を支えるように頑張りましょう」

膝の骨の模型を見せて説明してくれる。

「歩くのはいいけど、痛い時は炎症が起こっているのだから、あまり歩かないでね」

わたしは初めて杖を買い、ごみ捨てに行くのも杖をついて歩いた。

地域包括支援センターから調査員がきて、いろいろ質問された結果、「支援一」という一番軽いクラスにランクされ、週一回ヘルパーさんが掃除にきてくれることになった。ところが膝の痛みは一年余りで徐々になくなり、杖もいらなくなったので支援を辞退した。

二〇〇八年、後期高齢者医療制度が施行され七十五歳からは「後期高齢者」とよばれ従来の国民保険などから切り離された。高齢者の間から反発の声があがり、新聞の歌壇にも投稿が目立つようになった。

わたしもあなたも後期高齢者
　あう人ごとに　言いあい笑ふ
冥土までもうすぐですよの御触れなる
　後期高齢者　よくぞ命名

わたしは名称に対する反発よりも、それで制度上今までの保険から別枠にされた結果どのようなデメリットが生じるのかはっきり知りたいと思った。

被扶養者の高齢者が初めて自分の保険料を払うことになり、騒ぎ始めたのは副産物であった。自分が払っている保険料の何倍もの医療費を他人の保険金から支払っているということを知らせることはよかったのではないか。

ただし、この制度の目的は増大する後期高齢者の医療費を抑制することにあるのだから、医療機関へのフリーアクセスの問題や医療報酬面で不採算と判断された場合、希望する医療機関での治療が受けられなくなる可能性があるなどデメリットは大きい。これをここで論じるわけにいかないが、長期の医療なら、もう老健か自宅療養をしなさいといわれたようなものだと理解した。

ところが最近、福知山公立大教授岡本悦司氏の「元被扶養者の特権を廃止せよ」という投稿を読んで、こんなひどい差別があるのかと憤慨した。（日経一七、二、一七）

それは簡潔に述べると、こういうことになる。

「後期高齢者の保険料は定額部分と所得比例部分からなるが元被扶養者（七十五歳になる前日に被扶養者）は定額部分の負担が月額三八〇円ですんでいた。この軽減部分は公費で負担しているのだが、これは今後二年を限度に五割軽減ということになる。だが所得比例部分はどんなに所得が増えても七十五歳になる前日に被扶養者だったというだけで、その後所得が増えても所得割が賦課されず、月三八〇円という保険料が終身続く特権がある。これは国民健康保険から後期高齢者制度に移行した被保険者の保険料アップにつながる。もともと保険料を負担していなかったことが元被扶養者の所得割免除の根拠とされるが、それが恒久的な特権と化しては他の被保険者の理解はえられないのではないか」

若者の保険料負担を軽くするためとかいう前に、この大きな差別を解消すべきである。

おひとりさまの高齢者は生涯にわたって何の特典も得られず、ぎりぎりまで収奪される対象らしいと観念した。

(二)　おひとりさまは自宅を「終の棲家」にできるか

わたしが六十歳になるか、ならないかの頃、退職した三人の看護師が三軒続いた戸建て家屋に住み、食事を順番につくり、買い物や病気の時の付添など助け合って生活しているＴＶを見たことがある。

三人が一緒の家屋に住まないところは賢明だと思ったが、一人が入院した時、付き添った人が眠

上野千鶴子『おひとりさまの老後』

くて、うつらうつらしているのを見た病床の友人は気の毒で用を頼むことができなかったという。それを見たわたしは、同年代の老人を当てにすることはできない、友達がいくら多くいても、彼らもまた介護が必要な人類になり果てていくのだから無理だと思った。

また三人の内、最後に残った人は友人を看取った後、誰を頼りにするのだろうかと心配になった。そしてやはり施設に入居するのが正解だろうと簡単に考えた。ところが今や施設に入居しても種々の問題があり、在宅で死にたいと願う老人が増えつつあるらしい。誰しも住み慣れた我が家から旅立ちたいと思うのは自然であろう。

わたしは上野千鶴子『おひとりさまの老後』を読んで痛快だった。だが老いては「セキュリティは友人」とおっしゃって、同性の友人を持つことを勧められているが、これはなかなか難しいと思った。同年代の友人は気心もよくわかって信頼できるだろう。でも六十歳代ならいいとして、後期高齢者になれば、頼りにする同世代の友人は先に逝ったり、生きていても老化が進んで動きがとれなくなる可能性が大きいのである。

友人に介護を期待するなら、十五歳から二十歳下の友人がよい。しかし、東大教授や作家など社会的地位があり、経済的余裕のある人ならば、周囲に集まってくる人も多いだろうが、何の肩書もない普通の老人であれば、頼りにできる年下の友人などは滅多にないのだ。

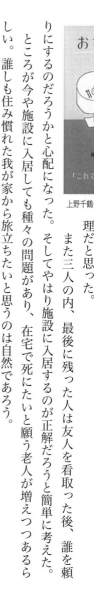

この本を書かれたとき、上野さんはまだ五十九歳で「老後」ではない。後期高齢者になられたときに『続おひとりさまの老後』を書いてくださることを期待したい。

その後上野さんは『おひとりさまの最期』という著書で、かなり具体的に在宅死の条件や現実を述べられている。また「〝自分は孤独死ではなくひとり死をするつもり〟であり、その〝ひとり死〟ができる条件は二十四時間の巡回医療・訪問看護・訪問介護が必要である」といわれているが、この条件を満たすには相当の財力が必要になるはずである。

政府は施設を増設する予算がないため、在宅介護中心の政策を打ち出したが、その頃から『大往生したけりゃ医療とかかわるな』という自然死を勧める本の類が書店で並ぶようになった。しかし、安心して在宅で一人死できる環境や施策はまだできていない。

わたしは自宅で「ひとり死」する条件がそなわっているかどうか検討してみた。

公的介護を週一、二回として、頼めば来てくれる卒業生が近くにいること、お向かいの奥さんも卒業生なので、常に異常がないか気にかけて下さるのは有難いが、やはり買い物など、現在のように頻繁には頼めないので、生協の個別配達に頼るしかない。主治医が週に一回は巡回してくれるようだが、どの程度診てくれるのかはわからない。

自宅には堺市が設置してくれた緊急電話があり、過去三回救急車のお世話になった。

三回ともなぜか日曜日の早朝のことで、三回目は夜通しの下痢が終わると、今度は嘔吐が続いた。救急車がきて、「血圧が三〇です。ご家族をよびます」といわれたが、わたしは知らぬ顔をしていた。

まるで雲の上にいるように安楽な気持ちだったので、これで死ぬなら、このままでいいと思った。

病院に到着すると、日曜日で正確な検査はできないが、おそらくノロウイルスだろうといわれた。

点滴をしてもらってから、その日に帰宅できてよかったが、お向かいの奥さんがわたしの嘔吐の後始末もしてくださって申し訳なかった。漂白剤で消毒しましたから大丈夫ですといわれたが、救急車が来るときは連絡をうけて待っていて下さるのである。

『大都市の一人暮らし高齢者と社会的孤立』の調査によると、いざという時、近隣に頼りにできる人はいないという人がほとんどであるから、わたしは大いに感謝しなければならない老人である。

個人でタクシーに乗って病院に行っても休日なら断られるだろう。緊急電話はひとり暮らしの高齢者には安心の制度である。足は時々痛くなるが歩けないことはない。ただ八十歳になった頃、洞不全という心臓の不調が発見されて、またも「支援一」をうける身となった。でも、八十歳でエベレスト登頂に成功した三浦雄一郎さんと同じ不整脈らしいと知ると、わたしも低山なら登れるかもと不遜なことを考えた。

八十歳以後この家での生活を続けるには、家の管理や維持、例えば外壁塗装や、排水管の清掃依頼、夏の草ひき、花木の手入れ、古紙やゴミを回収場所に出す、金銭の出納、振り込みなど、これから先も一人でこなしていけるかと自問すると、かなり難しい。

この地区に巡回医療があるかどうかは知らないが、巡回をうけるようになるということは、一人で病院まで行けなくなった場合であろう。その時がひとり暮らしには問題である。

退院後の療養生活も何らかの助けがいりそうである。

今年から介護の自己負担金は、年間収入が二八〇万円以上の人は二倍になる。今は「支援一」なので二倍になっても三八四〇円だが、介護度が上がれば自己負担の金額もあがる。そうなったら介護をうけるのも難しくなるに違いない。

ケアマネさんは「二八〇万円ぎりぎりの人と、ずっと上の収入のある人と同じ負担はおかしいですよ」と憤る。

そして終の棲家をどこにしようか悩むわたしに「最後はどこにいてもおなじですよ」と施設でも自宅でも一緒ですという。

一時は、そんなものかと納得したが、しばらくして「本当に？」と疑いだした。精神力はあっても、もう自力で起き上がれない、買い物に行けないという体力的衰退と、自分がどこにいるかわからなくなる痴呆の現象がおこれば、どこで最後をむかえても同じかもしれない。

シングル族の親しい友人たちも、同じような問題を抱えていたに違いないが、とうに黙って逝ってしまった者が多い。彼らの死に方は不思議に脳梗塞や心臓麻痺によるものなので、ぽっくり寺へ詣ったのかと思うほどだ。

しかし、そこに至る過程が大事ではないかと思うのである。できるだけ自立して好きなことをして楽しむには、歩いてショッピングに出かけ、好物を少し買ったり、また近くのレストランで親しい人と食事しながらおしゃべりができる便利な場所に住むのが理想である。

ひとにしばしば買い物を頼むのは気を遣う。またお礼も必要である。「パンはどこそこのフランスパンにしてください。ハムはなになにのメーカーのを、海苔はブリキのようにパリパリのものを、玉子かけご飯は新鮮な玉子にしたいから、どこそこのお店のものがいい、アイスクリームはあのメーカーのものを」などと頼みにくいのである。

ナメクジ屋敷で同居していた内山が抗がん剤の副作用でトイレに行くこともできず、吐き気に苦しめられ、食欲は全くないと訴えていたが抗癌剤を止めたら、元気になり車を運転して買い物や趣味の会に出かけるようになった。

「もう高齢なので寿命を少し延ばすために、死ぬような苦しみをしなければならない薬は飲みたくないの。こうして車で買い物に行けて、自分の好きなものを少しだけど調理して食べるのは幸せ。音楽会に行ったり親しい人らと会食したりして毎日過ごしています。幸せをかみしめて過ごしているわ。ギリギリまでこうして暮らして、いざ何もできなくなってしんどくなったらホスピスにでも入るわ」

と、朗らかな声で笑った。

わたしはそれをきいて、逆に励まされ、自分もその時は彼女を見ならおうと思った。

ひとりで部屋で死んでいった人というのは数えきれないほどいるのだから、何も事々しく考えなくとも自然に任せておけばよいという人もいる。わたしもそうだ、そうだと思うのだが、やはりここで死ぬには、かなりの人の助けが、つまりかなりの人に迷惑をかけるように思われるのである。

五、六十代の時なら、友人が重篤の病気になったとき、故竹村和子さんを支えたようなチーム（『おひとりさまの最期』上野千鶴子著　参照）を作ってサポートできるが、後期高齢者となれば、サポートする気はあっても、体がいうことをきかなくなるのである。

わたしは誰にも看取られず、見送られず逝くのは嫌ではない。当たり前のことである。

それまでをできるだけ自立して逝きたいだけなのだ。

㈢　ひとり死にの先達たち

「ひとり死」は少ない。ほとんどが家族の看取りのうちに死ぬのである。

同居家族がいない自宅で。または、ぎりぎりまでひとりで自宅にいたが、重篤となって病院に運ばれて最後を迎えた人たちは、どういう死に方をしたのかを知って自分の参考にしたいと考えた。

一般の人のひとり死には、記録や日記の類がないのでわからない。どうしても物書き人間は闘病記や記録を残したり、サポートした友人やメディアがその詳細を発表するので、ここにあげるのは、そうした人達の例である。

千葉敦子　一九八七年七月、四十七歳　ニューヨークの病院で死去

フリージャーナリスト千葉さんは乳癌手術を東京でうけ二年後に再発すると、ニューヨークに転居。当地の病院で放射線治療や化学療法をうけたが、三度目の再発を知ると朝日ジャーナルに『死への準備日記』という手記を連載した。「体調悪化し原稿がかけなくなりました、多分また入院です。申し訳ありません」と最後のメッセージを送り、その二日後の九日朝に死去した。

彼女がニューヨークに移ったのは医療が日本より進んでいること、医師が事実を患者に直接伝えてくれることのほかに、ニューヨークにいる親しい友人たちの支えを期待できると考えての決断であった。アパートでの暮らしを大切にした千葉さんが、苦しいことを友人に伝えて入院した三〇時間後に友人たちに見守られて息を引きとった。

千葉さんは最後にこう書いている。

「私が死んだら母や妹は嘆き悲しむだろうが、同時に私が充実した日々を生き、好きな土地で友人たちに囲まれて死んだことを喜んでくれると思う。……癌は本人や家族・友人にとっても別れの時のための準備ができる。……癌にかかって以来十一冊の本を刊行してきたが、三度目に再発してから六か月の間に三冊を出版することができた」

米原万理　二〇〇六年五月、五十六歳　鎌倉の自宅で死去

ロシア語の同時通訳者であり作家の米原さんは『打ちのめされるようなすごい本』のなかで癌闘病記を綴っている。

卵巣嚢腫を内視鏡で摘出したら癌であった。体力回復後に今度は開腹してリンパ節、子宮、腹膜を全摘したうえで抗癌剤治療をするといわれる。

肉体へのダメージの強い抗癌剤と放射線治療は避けたいと、それまでに癌治療に関する本や温熱療法、免疫治療、いろいろな代替療法の本を読みまくり、それらの治療を施行している医院や研究所を訪ね歩く。だが宣伝ほどの効果はなく、元気になったら『お笑いガン治療』なる本にまとめてみたいと思うほど悲喜劇にみちていたという。そして抗癌剤の治療をうけざるをえなくなる。

こうして米原さんは死の数日前まで日記に代替療法やその他の療法をわが身にうけてみて、患者の藁にもすがる弱みにつけこんだ高額商法に怒るのである。癌におかされた人達の多くが代替治療にわずかの光明を見出して試みている。米原さんのこの闘病記のおかげでわたしはこの手の代替療法は効かないことがよくわかった。

柳原和子　二〇〇八年三月死去　五十七歳

医療や薬害についてのフリージャーナリストである柳原さんは卵巣がんを発病。死に至るまで自分の身体を実験台にしてメッセージを発しているのではないかと思われるほど検査データーを抱えて消化器内科、腫瘍内科、婦人科、放射線科などのある病院の医師の診断や意見をききにまわり、免疫代替療法などを試した。「もうドクターショッピングをするのはやめなさい」と医師から揶揄《やゆ》されながらも、あきらめきれずに治癒の可能性をさぐる努力を続けたが、ついに力尽きて自宅に閉じこもった。そこには大学時代の友人や患者仲間の友人、姉らが付添って看取った。この経緯は『百万遍の永訣』に詳しい。

千葉さん、米原さん、柳原さんらは「書くこと」が人生の目的であった。「書くこと」に燃焼している間は病の恐怖や苦痛からすこしは逃れられたのではないかと思うのである。

佐野洋子　二〇一〇年十一月　七十二歳　東京の病院で死去

佐野さんはイラストレーターで絵本作家でもあり、エッセイの妙手である。エッセイはこれまで二冊読んで、かざり気がなくズケズケいう人だと思っていたが、『死ぬ気まんまん』や山田詠美との対談を読んで佐野さんが好きになった。

山田さんがなくてはならないものに「酒と男と文学」というのに、佐野さんは「私はその三つがなくても平気。朝起きて窓をいっぱい開けるとき、毎日嬉しい。同じ木の葉が昨日と少しずつ違う、すごいなぁ。そのうちに固い花芽が出てき花が咲く。すごいなぁ」と思うのである。

わたしは同感した。医師に「命はあとどれぐらい」ときくと「二年。その間に医療費は二〇〇〇万円ぐらい必要」といわれて、佐野さんはジャガーを買う。そして病友を乗せ自宅に連れていってコーヒーを一緒にのんだりするのだ。

メイ・サートン　一九五五年死去。八十三歳

詩人。『独り居の日記』『82歳の日記』が日本では知られている。自分の詩集やエッセイが書評で悪くいわれると怒って日記に憤懣を綴り、広告に載せてもらえなかったことでストレスで眠れなかったと記す。最晩年にも、自分の敵はハーヴァード大学のハリー・レヴィンであったと書き、自分が文学賞をもらえなかったのも彼のせいであると一晩中考えていたというのには驚いたが、こういう正直さは日本の高齢文筆家と違うところであろうか。

また住居はメーン州の野原にあり、前は海辺である。冬には怒涛が打ち寄せ、海は一面深い暗緑色になってうねるのを見て勇気をもらったと喜ぶが、日本の老人なら、おそらくこのような所に住むのをおそれるであろう。

でも冬は訪れる知人も少ないので寂しい。寂しい時はネコのピエロと遊ぶ。スーザンという女性が献身的にサートンの世話をしてくれるので、サートンの生活が成り立っているのである。日記やエッセイは出版が予定されているので、書かねばならないが手が震えるので口述筆記を頼むのである。ちなみに補足すると、日本にはかなりの読者がいて、その印税がサートンの生活を支えていたのである。

吉屋信子　一九七三年死去　七十七歳
宇野千代　一九九六年死去　九十八歳
山崎豊子　二〇一三年死去　八十九歳

三人とも、よき秘書によって支えられて「ひとり死に」をした作家である。

吉屋信子は千代という人生のパートナーともいうべき秘書があり、作家という孤独な仕事を全うできたのであった。

宇野千代は「なんだか死なないような気がする」というエッセイを書いて九十八歳で死去したが、その作家生活を晩年まで支えたのは、家族ともいえる同居の秘書であった。

山崎豊子は敗戦という未曽有の苦難を背負った国民の歴史を、作家の使命として書き続けられた作家である。晩年は全身を襲う痛みと闘いながら、指に圧力がかからないように毛筆で書かれていた。その山崎さんも秘書の女性によるサポートがあったから、あのような後世に伝えねばならぬ文学作品が生み出されたといえる。

西欧の男性知識人はひとり死が多い。カント（一八〇四年　八十歳死去）は『永遠平和のために』など多くの著書がある哲学者である。規則正しい生活を送り、ケーニヒスブルグの人は散歩するカントをみて、およその時刻を知ったといわれている。夕食は友人を集めて会食した。シングルでも家にはコックや使用人がいたので完全なおひとり様ではない。

死ぬときに「もうたくさんだ」といい、甘口ワインを入れた少しの水をのんだという。

最後の偉大な哲学者といわれるウィトゲンシュタイン（一九五一年、六十二歳死去）は末期癌になると医師ベヴァン夫妻と同居を始め、その夫人の手厚い看護を受けて亡くなった。

永井荷風　一九五九年四月　自宅で死去　八十歳

何といってもひとり死にを完遂した男性は荷風さんである。だがその最後はわびしい。貧窮のわびしさではなく精神的にわびしいのだ。空襲で偏奇館が全焼して集めた貴重本は灰となって以来、日記を読むと、この人は再び本を蒐集する気持ちを失って、他人からあてがわれた借本ばかり読んでいる。その間、時々思いついたように短篇や随筆を書くだけである。

財産の入ったバッグを手放さず、枕元において眠った。死後の新聞報道によると、バッグには二二三四万円の預金通帳と、三一万円の現金があったという。今の億にあたる財産である。にもかかわらず巷で散在する額も食費もケチである。荷風がケチではない証拠として、鴎外の記念行事には寄付をしたとかいわれるが、むしろそれは例外であろう。

日記を眺めると銀座や浅草、有楽町での食事はすべて出版社や知人の奢りである。特に鉄工所の重役である相磯凌霜《あいいそりょうそう》（日記には凌霜）という友人には、いつでも御馳走してもらっている。日記に「また御馳走してもらって申し訳ない」と記されているが、そう思うなら一度ぐらい荷風が奢ればよいのである。

昭和二十八年から三十二年まで毎日のように浅草で食事した後は洋画をみているが、それの感想は一行も記されていない。翌年三月に腹痛・下痢をして以後、毎日の浅草通いはみられなくなり、九月六日の日記に初めて「大黒屋で食事」という記載がでてくる。九月頃からは昼食は浅草で、夜は住居に近い大黒屋で食事となる。以後死去する四月三〇日まで一日一回の大黒屋でのかつ丼と晩酌というくりかえしである。死の四月二日には市川郵便局で文化賞の賞金の四十五万円を受け取るのだが、やはり大黒屋で、いつものかつ丼と晩酌である。

ほかにも文化勲章の年金、芸術院会員の年金を何万と受け取っているのだから、これを散財しても自由を失う心配などほど遠いはずである。

六畳ほどの蜘蛛の巣のはった部屋には万年床が敷かれ、そこで七輪に鍋をかけて何かを煮ている。写真を見ると欠けた前歯で笑っているが、どうして歯医者に行かなかったのだろうか。食事は楽しみのはずなのに、毎日大黒屋でカツ丼と酒一合を飲んだ。好きなものでも毎日は飽きるだろうに。そして遂にカツ丼を吐き陋屋でひとり死にした。

尾崎放哉　一九二六年死去　四十二歳

萩原井泉水の門下。「咳をしても一人」などの自由律俳句で有名であるが酒癖が悪く、転々として最後は無一物となる。

吉村昭『海も暮れきる』には、放浪の果てに、小豆島で死亡するまでの八か月のことが書かれている。最後は粗末な庵でシゲ婆さんの世話をうけて死ぬ。

㈣　右往左往する八十五歳

パソコンが壊れる

二〇一六年六月、ＮＴＴコミュニケーションズからＡＤＳＬからＯＣＮヒカリに変更するように勧められる。ＡＤＳＬは来年春にサポートがなくなるというので、仕方なく承諾する。

七月中旬にヒカリの工事が済み、その日の午後にユーザーサポーターが来宅して、ネットに接続設定をしてくれた。

わたしはヒカリに変えたら速度が速くなると期待していたが、ＮＥＣのロゴが出てからパスワードを入れる画面の出てくるのが遅くなり、十月頃から電源を入れるとジージーという音がしていたが、その後、遂にＮＥＣの文字が消えた後にセットアップユーティリティの画面が現れて動かなくなってしまった。

この時点でわたしは大切なデーターをバックアップしていないことに気付いて呆然とした。

やはり八十五歳となれば、ハードの方に関心が奪われてソフトの保全に注意が及ばなかったのである。ＮＥＣに修理を頼むとＰＣは初期化して返すので、データーはすべて失われると、きかされた。時刻は夜の九時、ＰＣが故障しているため、ネットでサポート店を探すことはできない。あちこちの友人・知人に電話してデーターを取り出せそうなサポート店がないかをきく。大抵の店は出張代と診断・復元などに要する時間の代金を請求するという。

大手薬品会社の総務部長をしていた卒業生が十二時頃まで、わたしの住居付近のサポート店をさがし出しては、電話をくれる。

翌日勉田さんに電話して、わたしのPCが動かなくなったので××ドットコムか○○サポートかのどちらかに行きたいんだけど、という。勉田さんはすぐに車を転がして助けにきてくれた。勉田さんの愛車は十七年余乗っているイギリスのミニクーペである(上の写真)。

ノートのPCを抱えて乗り込む。クーペは車体が低いので椅子に座ったまま地面スレスレに走っているようで面白い感覚だったが、時々ブレーキがかかったように、つんのめる。わたしは「下手!」と心の中で叫んだ。

ところが、勉田さんの左手がよく動くので見るとマニュアル車だった。わたしは「下手!」を撤回した。今頃マニュアル車を運転する人なんて少ないのだ。
××ドットコムに持ち込むと、PCからディスクを取り出して点検してくれた。その結果、ディスクはほとんど壊れていて、ここからデーターを取り出すことはできないと断られる。
このデーターを取り出せるところは全国で十店ほどで、みな東京に集中していること、取り出せたら一件につき十万円がいることなどをきかされた。

わたしはデーターを取り出すことは諦めて、勉田さんに家まで送ってもらった。そのあとPCを抱えて近所のケーズデンキに行き、修繕に廻してもらう。購入時に安心延長保証にはいっていたので、修理代が無償になったのは幸いだった。

二週間してPCが戻ってきたので、OCNにネットに接続してもらったが、スタート画面のアプリのニュースやファイナンスをクリックすると二〇一二年の為替レートやニュースが現れる。NECに電話すると「まだ戻ったばかりだから、そのうちアップダウンを繰り返して正常化されます」という。翌日PCを開いていたら、NECのいうように「プログラムの更新」場面が出て、アップダウンが始まった。時間がかかりそうなので寝ることにして、夜中に起きて画面を見ると、「このPCはバージョンを10にしないと更新ができません。中断します」という文字。

そうだ！　買ったときはバージョンが8だったのだ……とため息をつきながら今度は「マイクロソフト」に連絡する。音声の案内係から、担当員につながるだけで四〇分はかかった。

その間、便意を催したが、トイレに行っている間に担当者が出てくれれば、また後回しになるという恐怖から我慢する。

十二時頃にやっと担当者が出て、わたしの説明をきいてくれた。それから8・1にアップするだけで四時間を要した。8から8・1には知らぬ間にアップされていたのにと思う。

担当者は「プログラムの更新は明日にしましょう」といって作業を中断した。

翌朝の九時半ごろマイクロソフトから連絡があり、再び八八個のプログラムのうち重要な五個を更新することになったが、それだけで二時間余かかった。「あとの八三個はご自分で更新してください」との仰せ。わたしは承諾して作業の手順を三分ほどきいたあと、ふと見ると何と「八三個のプログラム更新完了」との文字がでているではないか。

わたしは大喜びで「完了しました！」とマイクロソフトの担当者に知らせた。

「よかったですね。ではこれで終了ということにしていいですか」と担当者も解放されて、ほっとした声で答える。

復活したパソコンでわたしが真っ先にしたことは、USBにある保存データを調べることであった。そしたら幸運にも二六〇頁の原稿が完璧に保存されていたのである。これはPCの調子がおかしくなってからいれたのではなく、ADSLからヒカリにするときに、万一を思って保存したのであった。しかし、メールアドレスや写真、原稿、書簡、筆ぐるめの住所録などはきれいに消えていた。

翌日担当者から電話があって、パソコンの調子をきいてくれたので「快調です」という。

車がなくなる

六月の車検をひかえて、十七年間乗ったトヨタのラウムをまだ酷使するのはひどいと思い、廃車することにした。三年前の高齢者講習では「若い人の間にまじっても、やや優秀」という成績表をもらったが、この六月の講習では「若い人の間にまじったら普通」という一段下がった成績であった。

自動車学校の講師は「老人ほど車が必要なんだから、こんな成績だったら何も遠慮することはない。

乗ったらいいですよ」といってくれたが車を購入しても、米寿まで乗るのはためらわれる。せいぜい二年ほどしか乗れないとするともったいないので、自転車を購入することにした。

しかし、小学校以来まともに自転車に乗ったことがないので、電動アシスト付はやめて先ず普通の自転車を買った。大型ショッピングセンターまでは下り坂ばかりなのでスイスイと快適に走ったが、買い物をしての帰途は、なだらかな登り坂とはいえ、やはり高齢老人の脚では無理だとわかる。腿には筋肉がつくが、膝にはよくないようで膝が痛むようになった。

図書館は歩けば三〇分余りだが、自転車で頑張って十五分から二〇分で到着する。自転車を下りると、のどがカラカラでマラソンをした後のような状態である。図書館のソファでしばらく休んでいればよいのに、セッカチ性なので本を借りると、すぐさま自転車に乗って走りだしてしまう。滅多に自動販売機を利用しないのに、口で呼吸するらしく、喉がひりついたようになるので途中の緑の散歩道で缶ジュースを買って飲み干す。

自転車にしてビックリしたのは、アップダウンが多い街であることを発見したことである。車で走行していると、よほどの急斜面か、長いアプローチでない限り、上り下りの意識がなかったのである。

バスから下りて十分歩くとイオンのショッピングセンターがあるが、重い野菜やコメ、飲料などを家まで運ぶには相当の覚悟がいる。ところが六十五歳以上なら無料で配達してくれるので、自分で買い物を楽しめて、帰りは手ぶらで帰ることができる。しかし、よく行っていた図書館やホームセンターには行くバスがない。重い土など自転車で運ぶ体力もない。郵便局は歩いてはいけない距離にある。

「自家用車を持つことを思えばタクシーをどんどん使っても安いものだ」という人がいる。わたしもそうかなと思っていたが、そうでもない。堺市では老人の優待カードでどこへ行くのも100円でバスを利用できるが、それでも毎日使えば一か月のガソリン代より高い。タクシーを使いだすと、特定の営業所の車が無線でよばれてすぐ来てくれるので、頻繁に利用すれば、二年ごとの車検代にもなるのである。今更ながら車の有難さを実感した。

十一月のある日、わたしは自転車に乗ってショッピングセンターに行った。車にのっていた時は利用しなかった休憩エリアで椅子に座って、挽きたてコーヒーを飲んでいると、向かいの椅子に七十代と思われる男性がきて「ここ、いいですか」ときく。

「どうぞ」というと腰かけて、しばらくスポーツ新聞を読んでいたが、それを畳むとわたしに「読みますか」ときいてきた。「ありがとう。あとで読ませてもらいます」と受けとる。

「私、滅多にこっちには来ないんですけど、途中で自転車がパンクしたので、ここで修理してもらいに寄ったんです」

「わたしも最近、車から自転車に換えたのですけど、思っていたより疲れますわ」

という。味噌汁の匂いがしたので見ると、男性はポットからそれらしきものを飲んでいた。

「わたしは味噌汁が好きなので、ポットに味噌汁入れて、コンビニで買ったおにぎり持って好きな所で食べるのです。毎日自転車で散歩して、公園で子供にサッカーを教えてやったり、グランドゴルフを見物したりしてます」とニコニコしていう。

「グランドゴルフは、お好きですか」ときくと
「いや、入ると会費とられたり、食事にみなで行ったりしなければならんでしょう。面倒臭いことは嫌いなので、大体一人でぶらつくのですわ」

「奥様をほうっておいていいんですか」とお愛想でいう。

「数年前に死にました。息子はいますが結婚して遠くにいるんですわ。お淋しいでしょう、といってくれるひとには、曖昧に笑っておくけど、自分の尺度でそれなりに愉しい毎日をすごしていますよ」と、いい、時々碁会所に行って碁をうっていることや、親戚の畑の手伝いをしていることなど話してくれた。

収入が多くなくても、それなりに、けっこうひとり暮らしを楽しんでいる人が多いと知る。

田舎では、子供の時から近所の家と親戚のような付き合いがあり、その子供が大人になっても関係は続く。都市のような転勤はなく、農業や漁業で生計を立てているから収入も大体わかるうえに、よくもわるくもお互いに助けあう作業が多いため、助けあうことの抵抗感はない。

都市の一人暮らし高齢者の不満は、近所に買い物するところがない、家賃や家の維持費が高いことであり、不安は急病になったときや、治安上のことであるという。それでも深夜、急病になって近所の人に助けてもらうことは考えていない。近所の人とカラオケや、民謡をうたったり、将棋を

することは、また別のことであるという人が多いのである。

近所に迷惑をかけたくないことと、やはり自分の矜持を守りたいという気持ちが男性高齢者に強いことがうかがわれた。

わたしも似たようなものであるが、幸いにして、今のところ片道一キロの道を歩いて往復できるので、何となく切迫感はない。

図書館にはこれまで二、三日に一度は行って予約本を受け取ったり、資料を写したりしていたのができなくなったのは痛い。

自宅近くにくる移動図書館は大衆小説かハウツウものがほとんどで借りたい本がない。

それでも気休めに借りることもあるが、パラパラと見ると何が書いてあるか、大体わかってしまうのでつまらない。本筋と関係のない退屈な会話が何ページも続くと、本を閉じてしまう。

近所の電動アシスト付き自転車に乗っている人が「これに乗っていたら何処でもいけるわ。坂をのぼるときは感動的よ」というので、今の自転車を誰かにあげて原付を買う気になった。

ところが整形外科の先生から「電動自転車で転んで足を折る人が多いから気をつけてね」といわれたのと、電動自転車を収容する場所がないことに気が付いたので諦めることにした。

当面は自分の足とバスで頑張れるだけ頑張り、生協の個人配達も頼むことにしよう。

十三　自立した生活を長く続けるために

㈠　おひとりさまの施設

二〇一七年一月六日の朝日新聞に「〈増える一人暮らし高齢者〉という見出しで、二〇一五年は六十五歳以上の男性一九二万人、女性四〇〇万人が一人暮らしであったが、三五年にはそれぞれ二六一万人、五〇一万人まで増える見通し。同年には総人口の三人に一人が高齢者になると推計されている」という記事があった。上の推計は全国の場合であるが、一人暮らし高齢者の絶対数が多いのは、やはり東京・大阪などの都市であろう。大阪市内のある区域では、ひとり暮らし高齢者の七割が、正月三が日をひとりで暮らしていて、緊急時に支援者がいないという。地域社会での交流が日頃の助け合いを生むとは限らないのは、都市の特色であろうか。

一人で生活するのが不安で淋しくなるまえに、老人ホームとよぶ施設に入居するのが妥当だと一般には思われている。死に際には入れてくれない。

入居金があまり高くなく、月額の費用も年金でどうにかすむ一般の有料老人ホームをいくつか見学すると、大体の広さは二〇平方から三〇平方で、テレビとベッドを置けば机や本箱など置くスペースがないところがほとんどである。学生の住むワンルームマンションのようだ。

家族と同居している人はその住居に衣類や本、雑貨などを残しておけるだろうが、シングル人類は季節が変わるごとに、着替えを取りに帰らねばならない。ましてわたしは書痴で本箱の一つぐらいはないと落ち着かない人間である。友人は「寝たきりになったら本も読めないわよ」といってくれるが、本箱も置けない空間は自分の世界がなくなったも同然である。住居とは認めがたく、読めなくても背文字をみて楽しむのである。自分の慣れ親しんだ世界がなくなってノイローゼになるかもしれない。それで読書ができる間は、一部屋の老人ホームには入る気になれない。

一般の老人ホームは入浴時間や食事時間は寮のようにきまっていて、いろいろと規則がある。友人や親族が来ても談話室で懇談させるところもあり、部屋で話をすることができない。お茶を沸かして出すこともできない。火の気のあるものは禁止である。共同浴室は、強いグループが先に並んで入浴するところもあるという。

それでも施設が一番安全で安心だと思っていると、痴呆になれば従業員に頭を叩かれ、ベランダから投げ飛ばされるところもあると新聞で知った。

先日新しくできたピカピカの老人施設を見学すると、食事は三食とも外部から配達されるのだという。わたしは何のための施設なんだと思ったが、しばらくすると満室になっていたのをみて、わたしは家族が入れたのではないかと推測した。

家人が日中は働きに出ていて世話ができないとなれば、老人ホームに入居させるのであろう。

駅近で便利なわたしの好きなケアハウスは、自立が入居の条件である。百歳の人が三人も入居されているときいた。食事も健康食で美味しい。ご飯は五穀米ご飯と白飯の二種類が選べる。でもやはり部屋面積は狭い。府の補助金があるのでほかより廉《やす》い。しかし、短所は医療関係が弱いことである。

四国の老人ホームに暮らす九十三歳の知人が、よく電話で息子の嫁や孫などの不満を訴えてきたが、最近は自分の幸せをとくとくとわたしに話すようになった。それは娘の夫が亡くなったので、娘のところで週に一、二泊して美味しいものを食べさせてもらえるようになったためである。

「娘はお母さん、帰っておいで。といってくれるが、私はもうここでいいの。ここは暑さ、寒さ知らずだし、帰って娘に苦労かけるのは避けたいの。考えてみれば私は自分の年金もあって自分の思うように暮らせてきたから幸せだった。それにしても、あんなにやさしいお婆さんが寂しい死に方されるなんて」といい、わたしが祖母の面倒をみなかったことを批判した。これはわたしの生涯の唯一の悔いなので黙っているしかなかった。

ホームの他の老人と比べて厚生年金があり、子供に負担をかけず、自力でホームで暮らせること、娘の世話もうけられて老後の幸せをかみしめている様子にわたしも安心する。

人は若い時に苦労しても老後が幸せなら、よい人生だったと思うのである。

一般の老人ホームはいくつか見学したので、今度は富裕層向けの有料老人ホームを見学することにした。さすがに部屋は比較的広く本箱の一つ二つは置けるが、一時入居金が高い。新築マンションの同じ広さの部屋の価格と比べると二倍はする。そのうえ毎月の費用は二十三万円から三十余万円ぐらいはかかる。

プールやジムもあり、食事は一週間分のメニューから自由に選べるところもあれば、食事は老人向きメニューで健康食だが少量で、人によったら空き腹をかかえて自室に戻らねばならないところもある。医院が併設されているところが多く、いざとなればすぐに看護師やヘルパーが駆け付けてきてくれるのは心強い。

琵琶湖畔にあるリゾート型富裕層向け老人ホームは玄関を入れば、厚い絨毯に吹き抜けの高い天井が一流ホテルを思わせる。敷地は広大、景観は最高で温泉まである。レストランも都市型のものと比べて、やはりゆったりとしてホテル以上の贅沢感を味わえる。老人ホームといえばカラオケと歌謡曲や民謡を思い浮かべるが、多目的ホールではセミクラシックの演奏があって、これには羨望を感じた。

部屋面積から考えると一般の富裕層向け老人ホームの価格とほぼ同額である。また建築がしっかりしていて上下や隣室の騒音が遮断されているようで、わたしの入居条件の重要項目をクリアしている。

でも、従業員のゆきとどいたサービスをうけ、掃除、買い物、炊事などはせず、趣味や散歩に明け暮れる貴族のような生活をしていると、心身の能力が低下するのではないかと危惧された。

自分で料理を作って食べるのがいいと思っていても、メニューからチョイスできる施設のレストランで食事してみると、美味しいので、ついレストランに行くようになる。そうなると、もう自分で作るのが面倒になってしまうように思える。また認知症や重い病気になったときは別棟の介護棟で暮らすのだが、その場合入居金はなく、一か月に二十五万円ほどの費用だけでいいという。ただし、元の個室に置いている家具は搬出しなければならない。自分の暮らした「家」はなくなるのである。もう帰る家はない。

駅までは歩いて十五分であるが、近くにはスーパーや図書館、銀行などはなく、隣町のスーパーに行くバスをホーム側で用意している。京都の大型書店や図書館に行くには往復一時間、千五百円の交通費がいるなどと愚痴るわたしのような人間は、このリゾート型有料老人ホームに入居する資格はないのだ。またわたしの入居条件の重要項目である便利さはみたされていない富裕層向けの老人ホームでも、かなりの差がある。地域によって入居者の生活スタイルも大きく違うようだ。

初めて見学した須磨の富裕層向け老人ホームは、駅から便利で、昔からある商店街にも近かった。レストランには、スーツにネクタイの元大学教授らしき人々、女性もネックレスにお洒落な服装で席についていた。食器も高級な感じがしたが、食事の量が少なく、デザートはうすくきったリンゴが三切れであった。そのときわたしはまだ六十歳になっていなかったので、量に不満を感じた。

奈良にある大手の経営する富裕層向けホームをテレビで見ると、居住者たちは、ちゃんちゃんこにジャージの上下という部屋着で食事にきていた。炊飯器から直接自分でご飯を盛るところは、自宅のダイニングに他人と一緒に食事しているような感じにさせられるのではないか。

設備や部屋の広さ、周囲の環境などのほかに、それぞれの好みや価値観で選ばねば仕方がない。大学の恩師がデイサービスに行っても、話があわない、童謡を歌わされるなど苦痛でしかないと、こぼされていたことが思いだされた。

高齢者は長い人生で体験してきたことが、その人の人生観を成り立たせているので胸襟を開ける友人を施設ではつくりにくい。だから昔の王侯貴族以上の生活環境を与えられても、人との交流を深めるという点での満足度は低くなりがちである。

多くの老人ホームは重篤の病気になれば病院に送ってくれるが、そこで一応の手術などの処置がすめば、病院は全快するまでなんて置いてくれない。最後まで看取るという老人ホームもあるが、大体は自宅療養になるか、老健などの施設に移されるのである。

富裕層向け老人ホームやサービス付き高齢者住宅ではそのような病人向けの別棟や別室（個室もあるが大体は四人部屋など合同部屋）に移される。問題は、その時、ホームで暮らしていた個室を明け渡さなければならず、部屋の調度や荷物も処分しなければならないことである。おひとりさまシニアにとって、これはゆゆしきことである。

こう考えてくると、富裕層向け老人ホームは高額の部屋代を払っているとはいえ、あくまで借家なのである。そこでわたしはシニア分譲マンションというものを見学することにした。

そこは富裕層向け老人ホームと比べると華やかさや、いたれりつくせり的雰囲気はない。基本は普通のマンションであるが医院が併設され、部屋には緊急呼び出しボタンがある。大浴場とレストランも設けられている。もちろん部屋には浴室やシンクもあるが、やはり部屋の狭い割には一般の新築マンションの価格の五割は高い。

しかし、老人ホームよりわたしに適していると思えるのは、食事は併設のレストランでとるかとらないかは自由であり、予約しても前日にキャンセルできること、そして何より立地条件が抜群であることだった。一〇分以内で駅、銀行、郵便局、スーパー、図書館などに行けるのが魅力である。病院から退院してきても、わたしが「ここで死にたい」といえば、自分の家なので、誰も強制的によそへ移すことはできないということが気にいった。

問題は高いマンションの分譲価格であるが、住んでいる住宅を売った代金に少し足せば大丈夫かなと思えた。入居後の月額費用も富裕層向けのホームほど高くないので、何とかその日がくるまでやっていけそうである。ただし、年金がこれ以上減額されると、入居できても長寿を不安に思う日々となるに違いない。

メディアは五十代でいくら貯めればいいか、老後の安定にはいくら必要かなどという記事を流し下流老人に転落する危機を説いている。しかし、この超低利子の時代に将来安定が望める貯蓄ができるはずはない。年金支給年齢はどんどん延びて「国民総活動時代」とか「生涯現役」などの美名のもとで総過労老人国家になりそうである。

でも、わたしはすでに八十五歳なので貯金を全部費消してしまう頃には人生を終焉しているはずである。また気に入らなければ売って他へ移ることも可能ではないかと考えた。

ある日、ロングライフホールディングの社長遠藤正一氏に面会して老人ホーム選びの意見をきいてみた。ロングライフは全国に富裕層向け老人ホームを展開している企業で、中国青島やジャカルタなど海外にも進出している。社長は高校時代にわたしのクラスにいた生徒で、リーダーシップがあり、柔道で鍛えた身体はがっしりして何となく頼もしいが、シャイなところもあって可愛らしかった。

会ってみると頭が薄くなり、恰幅もできて社長らしい顔つきになっていたが、やはりわたしの目から見ると、可愛らしかった。

社長はわたしがいいというシニア分譲マンションに批判的であった。

「死んだあと資産的価値があると思って売りに出しても、なかなか売れません。売れないと管理費が高いので困っている人が多いです。一般の不動産より市場流通が狭いのです。認知症になったときは面倒みてくれませんよ」としたり顔でいう。「それに管理組合の理事になる人が高齢で辞退する人がふえ、重要案件がきまらず困っているようですな」ともいう。

要するに一般の富裕層向け老人ホームがいいということである。

遠藤社長はわたしの家の近くの施設をあげて、そこはどうですかときく。

「あそこは高いわ。それに隣が公園でやかましそう。歩いて図書館や買い物にいけないでしょう」と文句をいう。

「泊まってみないとわかりませんから、何日か泊まってみてください」

その施設のすぐそばにラビアンローズという痴呆老人を収容するきれいな建物がある。

またわたしが文句をいおうとしたら
「わたしは、今から講義があるので失礼します。あとは専務にきいて下さい」

と、いろいろ文句をいうお婆さんから逃げていった。

専務の女性は賢くてやさしい人であった。社内を案内してもらい、駅まで送ってもらった。

遠藤社長は部下にもめぐまれて幸せだけど、事業が成功したことをお母さんにも見てもらうことができたのが、何よりの幸せだったのではと思った。

ともかく、どこでも入居してみないと自分にあっているかどうか、本当のところはわからない。いろいろと考えればきりがないが、動けなくなる日まで、できるだけ自立してすごしたいと望むのである

(二)　持っていきたい文庫と新書の百冊

シニア分譲マンションを一緒に見学に行った友人二人と話した。

A「あんた、メジャーで壁を測っていたけど、あの本持っていくつもり？」と本棚をさす。

わたし「ここだったら半分は持っていけるでしょう」

Ａ「半分なんて無理よ。十分の一てとこかな」
Ｂ「老後の楽しみの読書といっても、いつまでできると思うの？　読書三昧の生活は今まで十分してきたからいいんじゃないの。それを続けようと思っても、老眼・記憶の喪失・眠気などで読めなくなるわよ」
Ａ「好きな一冊を持っていって、くりかえし読んでいても楽しいと思うよ。わたしの親戚が痴呆で施設に入っているんだけど、読んでも次々に忘れるので、いつまでたっても読み終らないのよ。ハハハハ……」
わたし「せめて百冊は好きな本を持っていきたい」
Ｂ「その百冊を選ぶのが楽しみでもあり、苦痛でもあるわけや」
Ａ「この人、その百冊のほかにまた買うに違いないわ」
わたし「まだ買いたい本はありますよ。この頃の古本屋には欲しい本がないので、滅多に行かなくなったけど、ネットで検索して買ってます」
Ａ「へぇ、まだ買いたい本があるってどんな本？」
わたし「森銑三著作集とか」
Ｂ「それ、今だからいえることよ。持っていっても読めないって」
わたし「白川静さんて知ってる？」
Ａ「漢字の辞書出している学者でしょう」

わたし「白川さんは九十六歳で亡くなられたけど、その晩年のインタビューで、〈研究を止めたらゆっくり読書したいと思って、読みたい本も買ってあるのです〉といって『大航海時代叢書』をあげてたよ。この叢書、第一期だけでも十二巻もあって凄いんだ。本屋で見たことがあるけど、『シナ大王国誌』とか『日本教会史』など一冊だけでも五百ページほどありそう……」

B「それは生涯を学問に打ち込んだ例外の人でしょう」

わたし「読めなくてもそこにあるのを眺めるだけで読んだ気になるもの。本はいつか読もうと思って棚に置いておくものです」

A「このマンション、買うの、買わないの？」

わたし「持っていける本が十分の一って言われると、行きたくなくなってきた。それに庭に未練があるもの」

B「あんた、殺虫剤撒くのはいやになった。剪定や毎日の水やりはこたえるっていってたの忘れたの」

わたし「そういったのは確かだけど……」

A・B「決めるのはあんたなんだから、仕方がない。もっと考えて悔いのないようにしてね」

散々いいたいことをいったあと二人は帰っていった。

友人らは「持てる者の悩みで一種の贅沢だ！」というが、他所《よそ》から帰宅した時や疲れた時に目に映る芝生や樹々の緑を目にすると心が和らぐ。小さい庭であるが世話してきた樹や草花があると捨

本棚に棲む人形や猫たち

てていけない心情になる。

わたしは岸本葉子さんが「庭があると引っ越しできない」と書いているのに共感していた。

施設やそれに類した所に移る決心ができないのは、蔵書と庭の問題かと思ったが、春からの草ぬき、剪定、それに殺虫剤の散布。毎日の水やりなどを考えると、八十五歳以後からは、できかねる仕事になるのは明白だった。冷静に考えれば、「純粋おひとりさま」の老後は、子供から離れて暮らす「疑似おひとりさま」と違ってそう甘いものではないということである。

それよりも幸いにして、まだ元気で施設に移る必要が切実にないために、ああだ、こうだと考えるのである。そして「ひとり死」でも「孤独死」でも死ぬのは同じ。どうにでもなると、またもや楽観主義に落ち着くのだった。

施設へ持っていく本を選ぶ参考になるのではと、

『読みなおす一冊』（朝日新聞社刊）を参考に読んでみた。

「あとがき」に「一九八六、七年に『名作を読む見る聴く』全三巻として朝日新聞から出版されましたが、そのうちから、読者の入手しやすい〝読む〟作品だけを抜き出して編集しました」とあり、一三〇冊がとりあげられていた。

『読みなおす一冊』の「その一冊」をあげた理由を読んでいると、読書の好みは人によって、その人が過ぎてきたように千差万別なのだという想いが改めてした。

実際にこの一三〇冊のリストから、わたしが再読してもよいと思う本は、わずかに七冊であった。

川上弘美が「私の一冊」として『モンテクリスト伯』をあげて、二十代、三十代、四十代での読後感と五十代で読んだ違いを書いていた。川上さんはこういっている。

「四十代ではエデと伯爵との関係に心惹かれた。五十代になろうという、このたびは神の裁きのごとくためらいなく復讐を行っていく伯爵が、メルセデスが夜中、息子の命乞いに伯爵邸を訪れると、伯爵はその嘆願に復讐をあきらめる……このくだりは一匹の迷える羊のためという聖書に通じるもの、つまり伯爵の神性の深まりを示すものだったのではないかと今回は思うようになったのである……復讐のゆきつくべき先は復讐の完遂ではなく、人を許すことのできる意思を手に入れることだった」

若い時と歳を経てからの読後感が違うのは、わたしと同じだが、わたしは伯爵が寛容になったのは、神性をえたわけではなく、ある程度復讐が遂げられたことと愛する人を得て幸せになった境遇が相手を許せるようになったのだと思った。わたしの方が現実的な解釈だが、このように読後感は随分違うのである。

最後は内澤旬子さんのように「百冊の本で暮らす自分を思い浮かべる」と微笑が湧いてきた。その百冊を選ぶために、本棚をめぐり歩く腰のまがった自分の姿を想うと面白くなり、今が実行どきとメモを片手に選んだのは以下の本である。

ただアガサ・クリスティ全集は、まだ未読本もあり、これだけで百冊になるので別枠にして、持っていく文庫・新書の選定を始めると、思っていた以上に時間がかかった。取捨選択して次のようなリストを作成した。リストに入れた理由もつけたのは、後になってみて自分がどう思うか面白いと考えたためである。

①不毛地帯　全五巻　山崎豊子　新潮文庫

山崎豊子は徹底した取材と資料蒐集で出版社泣かせの大作を書き続けられた。この妥協しない資料蒐集の姿勢が「女清張」といわれた所以であろう。

日本人がこの大戦で経験した苦難を作家の使命として書き上げられた感動的な叙事詩である。『大地の子』は、自らも泣きながら執筆されたという。まさに自分の命を削るような執筆生活であったに違いない。『不毛地帯』は戦争が終わったのに、まるで古代の戦争の時のように連行され、五年にわたって奴隷労働を強制された史実をリアルに書き残された。

敗戦国であるがために、このような非人道的な奴隷労働の賠償も求められない事実、五年もの間、真剣に抗議や交渉を行わなかった政府の怠慢、そして極限状態における日本人の連帯意識のなさ、人間としての弱さなど、忘れないように再読したいと思う。

②昭和史発掘　九巻　松本清張（文春文庫）

わたしは第一巻にある「芥川龍之介の死」についての評論に作家としての優れた追及をみた。いままで読んだ芥川龍之介の評論の中で最も感銘をうけた。

第五巻から第九巻までは二・二六事件について述べたものであるが、学者そこのけの追及がなされている。

③清張日記（朝日文庫）、過ゆく日暦　松本清張（新潮文庫）

松本清張と山崎豊子は国民文学賞というものがあれば、授与されるにふさわしい作家だと思う。その清張がどんなに精力的な取材活動をしていたか、文壇人と交わらず、銀座のバーにも行かず、書くことが慰藉である生活を如実に物語っている日記は貴重である。

④火の路　松本清張　上下巻（文春文庫）

この小説は昭和四十八年頃朝日新聞に連載された。飛鳥の石造物がゾロアスター教（中国に伝わって祆教）の影響を受けたもので斎明天皇の異形の信仰と結びつくものではないかという説を中軸に、かっては新進の歴史家であった学者が葬られ、老年になった歴史家の寂寥と若い女性（実の娘）との交流を描いている。

古代史学界でも話題になって歴史好きの人達は連載を切り抜いて楽しんでいたというが、わたしはむしろ学説の真偽よりも老学者の人生に関心があり、古代史の謎をちまちまと連載で読むのはいやだった。それで今度は古代史の謎を中心にして読みなおしたいと思っている。

⑤偉人暦　上下巻　森　銑三（中公文庫）

「一年三六五日、命日にあたる史上の人物の逸話を学識豊かにつづる」と文庫の帯にある。

わたしは明治の画家浅井忠の評伝を書いたときに参考に読んだが、僅か三ページほどに余すところなく浅井の本領が述べられていて驚いた。

⑥明治人物夜話・明治人物閑話・近世人物夜話　森　銑三（中公文庫）

森銑三の人物三部作というべき本。

森銑三は高等小学校卒で代用教員や図書館の仕事につき、独学で膨大な資料を発掘しながら、在野の研究者として国史・文芸関係の人物研究に打ち込んだ。

近世や明治に生きた個性的な人間のエピソードや一筋の生き方などを簡潔に魅力的に書き残している。気が向いたとき、意図せずに開いたページの人物挿話を読むと、いつも何か感銘をうけるのである。

⑦人間臨終図鑑　上中下巻　山田風太郎（徳間文庫）

『人間臨終図鑑』全三巻は暗い話かなと思ったが、氏のことであるからユーモアをきかせてあるだろうと読み始めたら没頭してしまった。およそ八二五人の臨終の様子を描いているのに悲惨な感じはせず、その死に千差万別の違いがあり大いに迫力があった。

その中で心に残ったのは、外国人ではエンゲルスである。彼なくしてはマルクスの著書の刊行ができなかったこと。「マルクスの死後十二年、自分の死の瞬間まで、全力を『資本論』の刊行にそそいだ。七十五歳で死んだが火葬にした骨はエンゲルスが愛したロンドン南方のイースト・ボーンの沖合に投ぜられた。従って墓はない」と風太郎氏は書いている。

日本人では市川房江である。

「市川房江は若いときから全く色気とは縁がなかったが、銀髪となってから美しいといわれ八十六歳の時、『クロワッサン』の「好きな顔ベスト30」に二位の山口百恵を倍以上引き離してトップになった。全く俗念のない一徹さと気品が人々を魅了したのである」

わたしも若い頃から色気は一色もないままに、今やごま塩頭となってしまった。気品はないが俗念があるので、市川さんのようになるはずもなく、ただの老女となりはてたのである。

しかし、この八二五人の臨終を読むと、人は「生きるように死ぬ」といわれるが、死はその人の生き方をあらわしているように思えた。

時々この文庫を開いて臨終を終えた人々の墓碑銘に親しむつもりである。

⑧戦中派不戦日記　山田風太郎（講談社文庫）

『戦中派不戦日記』は市井の庶民の赤裸々な憤りや悲しみを見たまま記し、日本の政治家の卑しい態度、豹変する勝者への迎合と卑屈な物腰、お愛想笑いを痛撃しているが、これは現今の政治家と全く同じではないかと思ってしまう。

また文筆家たちの無責任さも批判している。例えば石川達三は毎日新聞に「暗黒時代は去れり」という時評を書いているが、そのなかで「日本人に対し極度の不信と憎悪を感ず」といい「今の日本人の根性を叩き直すためにマッカーサー将軍よ一日も長く日本に君臨せられんことを請う」といっている。だがこの人は「戦時には幾多の戦時小説、詩を書き、日本の軍人こそ古今東西に冠たるロマンチストなりと讃仰の歓声あげし一人にあらずや。ああ何たる無責任、浅薄の論ぞや」と風太郎は怒り嘆いている。

しかし、無責任は石川達三だけではない。徳川夢声『夢声戦争日記』、高見順『敗戦日記』、伊藤整『太平洋戦争日記』など敗戦前後のことを日記につけている文士は多い。しかし、わたしはそれらを読んで一体これは何だ、と思った。出版にあたって削除・加筆したのか、少しも敗戦の衝撃をまともにうけとめてはいないのである。知人との食物のやり取り、仕事のこと、一家の経済的なことなど淡々と書いているかと思えば、終戦の勅諭をきいて改めて英明の君主の有難さを感謝しながらご飯の代わりに大豆をむさぼり喰う有様などを記している。

国土が焼け野原になっても、皇祖皇宗の国体を守るという方針のもとで、何百万の命が失われたのは、開戦の詔勅をはじめ、すべて勅命によるのである。それなのにまだ「英明の君主」に感謝する物書きのいい加減さに呆れる。また学者や評論家も戦時には戦争に賛成する文を書きながら、敗戦後はソ連を賛美する文を書き、たくさんの印税を稼いでいる。

わたしは『戦中派不戦日記』を読んで、彼らに対する憤りを風太郎さんと共有できて嬉しかった。

わたしはノーベル賞作家アレクシエービッチさんが「日本には抵抗の文化がないのだと思います」といわれたのを反芻する時が多い。

⑨入唐求法巡礼行記　円仁　深谷賢一訳（中公文庫）

アメリカのライシャワー氏は、この『巡礼記』はマルコ・ポーロの『東方見聞録』の四〇〇年前に書かれたものなのに詳細で具体性がある。武帝による仏教迫害の中で、この記録をよく持ち帰ったことだと称賛している。

円仁は八三八年、遣唐使船で唐に行き、九年間にわたり各地に旅行した見聞を記録した。

帰国に際しては、山東半島の楚州にある新羅人集落の世話になり、彼らの協力でやっと帰ることができたのである。遣唐使の随員として渡唐した日本人は帰国までの数年をどのように異国で過ごし、どのようにして帰国できたのかを知ることができる。

⑩軍艦武蔵　上下巻　手塚正巳（新潮社）

以前に読んだ吉村昭『戦艦武蔵』は竣工にいたる二年八か月の技師・工員の苦労に主眼がおかれていた。もちろん「武蔵」の最後も書かれていたが、この『軍艦武蔵』ほどの感銘はうけなかった。手塚氏はドキュメンタリー映画『軍艦武蔵』を制作後、この記録を残しておきたいと思い、七三名の生存者を全国に訊ね歩き、平成四年九月に執筆を終えられた。その間十年余り、氏の情熱と報道に携わる者の義務感のようなものに支えられて完成したのである。

この本の読後感は心にずっしりと重い物を載せられた感じがする。このような本にこそ賞が与えられるべきである。芥川賞や直木賞を凌ぐ賞を。後世に残す国民文学賞のようなものはつくれないのだろうか。

⑪蠅の王　ウイリアム・ゴールディング（新潮文庫）

子供の世界に大人の世界を敷き写した人間悪の寓話。

戦争を避けて飛行機で疎開先に向かう途中の少年たちが南太平洋の孤島に不時着する。初めは秩序を保持していた少年たちのなかから、権力意思に憑かれたジャックが快楽と本能と恐怖を利用して少年たちを自分の支配下におき、対立する者を除去していく。

躾けられた理性をもち、善良で聡明だが実行力のない少年や聡明だが臆病な少年たちは排除されていくという物語。民主主義の脆さを呈示しているともいえる。一九八三年のノーベル文学賞受賞作品。

⑫**随筆北京　奥野信太郎（東洋文庫）**

戦前の北京の食や風物を絶妙の筆で語っている。

「街巷の音声」の章に曰く、「われわれが幼児から親しんできたなつかしい物の音が東京の町々から消え去ったが、北京の胡同《ふーとん》には、その鬱蒼と茂れる老樹とともになおこの種のものの音が今日いと健やかに生きている」と述べ、その音を如実に以下のように語る。

「まづ朝な夕な、どこの胡同にも、咽び泣くものは、水売りの推車《といちょ》の軋む響きである。疳高いのは、売線的《いとうり》のふり鼓、強く重いのは研ぎやの鉄拍板の音である。……日本のでんでん太鼓のようなふり鼓をならして客を呼ぶ。澄みきった乾いた音である。

小さなものは屑やの小鼓である。大小の銅鑼《どら》は鳴り物のなかでも特に民衆と親しみの深いものであろう。銅鑼のききわけに最も敏感なのは子供たちであろう。何となれば、子供たちに一番待ちかまえられているからだ。玩具や一文菓子やも、飴細工やも皆この銅鑼を鳴らしてくるからである」

奥野氏のこの北京随筆は昭和十年の北京の様子を述べたものであるが、わたしが北京に行った二〇〇二年には、まだ胡同のたたずまいに大きな変化はなかった。

鼓楼《ころう》胡同を歩いていたら、豆腐売りのラッパやいろいろな物売りの声がきこえてきたし、大八車のような荷車を曳いたおばさんが、わたしに車の荷台に乗りなさいと何度も勧めてくれた。観光客らしき人には一人も出会うことはなかった。

その後、北京はオリンピックで、胡同などは真っ先に潰されたときいていたが、鼓楼胡同や什刹那などは保存されて観光の中心になっているらしい。しかし、前門にあった京劇の劇場は潰されて近代的なビルのなかに移されたという。清朝時代の面影が残っていた劇場だったのにと残念である。

⑬東京夢華録《とうけいむかろく》　宋代の都市と生活　孟元老（東洋文庫）

清明上河図

『東京夢華録』は宋の都開封の繁盛記である。この本には『清明上河図《せいめいじょうがず》』（張択瑞作・故宮博物館蔵）という五メートルほどの絵巻物の絵が多く使われているので、宋の文化や生活が楽しく好奇心がひろがる。
わたしは数年前、中国の荊州《けいしゅう》博物館で四五〇元（日本円で三四〇〇〇円）で買って帰り、飽くことなく眺めいった。日本では平安末期のころで、お茶は薬として重宝されていたのに、絵には茶店でお茶を飲んでいる大衆が描かれている。
橋脚のないアーチ型の虹橋の上には、禁止されている屋台が並び、橋をくぐる船の船頭が棒で下から橋を突き、船を押し下げようとしている。その様子を見ようと上には鈴なりの民衆が覗き込んでいる。西方のラクダも描かれていて交易の広いことがうかがわれる。

また琵琶法師のような講談師が何かを物語っているところや輿に乗って移動する人がいる。日本の中世では庶民が乗り物に乗っている絵は見たことがない。駕籠が庶民の乗り物になったのは江戸時代である。これらの絵は高校世界史の教科書にも載っているので馴染みのある絵であろう。

⑭千字文　小川環樹・木田章義注解（岩波文庫）

「千字文」は六世紀以降中国で児童の教科書として用いられてきたが、日本や朝鮮でも初歩的な漢字の教本として用いられていた。「千字文」は一千個の異なる文字による四字熟語で綴られている。作者は異説もあるが梁の周興嗣といわれている。

時々好きな四字熟語を声に出して読むのも眠気覚ましになってよい。

⑮自叙伝1〜5　河上肇（岩波新書）

河上博士はマルクス経済学を奉じ『資本論入門』など数多くの経済書を出したが、現在から見れば古い。しかし、博士は京大教授の座を追われても社会主義の道を歩み続け、獄中にあって自叙伝を著された。これを読めばその人柄がわかるが、自分をかざらない正直すぎる人である。淡々と大学や文部省や刑務所のことも見た通り記述されている。

博士の漢詩は一海知義氏から一目置かれているが、文章もわかりやすく名文である。

ただこの時代を一貫して信条を曲げずに生きてきた自信が強く、性格的には老いても稚気がそこそこに感じられる。

⑯続日本紀《しょくにほんぎ》1～4　直木孝次郎他訳注（東洋文庫）

『続日本紀』は『日本書紀』に続く正史で文武天皇から桓武天皇までの九十五年間を編年体で綴ったものである。正史なので面白さに欠け、朝廷の都合の悪いことは記録に留めてないのではないかと思う人もあるだろうが、読んでみれば小説以上に面白い。奈良時代の百姓が重い課役を免れるため浮浪逃亡し、または僧尼となって怪しげなまじないを行ったり、山に入って庵をむすぶ。

しかし、山で生活する僧尼が清浄な山河を濁らせるのではないかと憂いた朝廷が行基を利用して民衆を束ね、大陸からは鑑真を連れてきて僧尼の規律を引き締めようとしたことなど、通史を読むよりよくわかる。

また邸の一部を芸亭《うんてい》という図書館にあたる施設を造ったという石上宅継《いそのかみやかつぐ》のことが詳しく記述されている。「彼は悟りが早く姿や様子が立派で多方面の書物に通じ楷書と草書の名手である。言葉つきや物腰がおだやかなうえにみやびやかで、気にいった風景に出会うと、筆をとってそれを主題に詩文を作った」などと誉めそやしている。

その後読むのを中断していたが、有志の教員が集まって『続日本紀』の輪読会をすることになり、再び読み始めた。東北に遠征する兵士の食料のことや正倉が火災にあうのは神に祟りによるものばかりではなく、郡司が同輩を貶めるために火をつけたり、税の納入が虚偽であるのをそらすために放火しているからであるなどという記述があり、古代の歴史小説を書く人にとって、これは必須の資料ではないかと思った。

⑰蹇蹇録《けんけんろく》　陸奥宗光（岩波文庫）

日清戦争時の外務大臣の回想録である。戦後の一八九五年に成立したが外務省の機密文書を引用しているため長く非公開とされていたが一九二九年に刊行された。

陸奥は胸を病み戦後は大磯で療養していたが、そのなかでこれを綴ったのである。

清朝政府の無定見を批判しながらも李鴻章の人物を褒めているところが面白かった。

「外交でも軍事でも失敗したのは、自力で確乎とした方針を確立できず、他国の援助をあてにする清国政府の責任であって、李鴻章だけを咎めるのはひどすぎる。

彼は賢明にして才気もあり、他の清国人のように右顧左眄することなく、大胆にかつ無頓着にいいたいことはいい、為すべきことはなすという態度なので、欧米外国人の中には彼を称賛する者もある。しかし、彼の政敵は各省に割拠する老臣であり、彼の勢力の旺盛なことを嫉妬している。また彼が前途有望な青年を用いて、欧米の新しい事業を企てるのを喜ばない」云々。

開放後中国の歴史書はこぞって李鴻章を売国奴のように扱ってきたが、この時誰が指導者になっても同じことだった。ただ最近は少し評価が変わってきたようである。

小国が他国の援助をあてにするのは常のこととはいえ、他国が援助するのは自国の国益のためであることを、我々は肝に銘じておかなければならないのだ。

⑱富士日記　上中下巻　武田百合子（中公文庫）

『富士日記』は武田泰淳と昭和三十九年から五十一年まで富士山麓の山荘に暮らした日記であるが、泰淳死後に編集者の勧めで出版した。ところがこの日記は泰淳の作品を超える評判となりファンが多い。生活日記であるが、何とも言えないおおらかさと温かい愛情が読む者に伝わり、何度読んでも飽きない。内容については作家水上勉が「解説」で述べていることを、そのままここに記すことにした。

「一度も訪れたことのない山荘のはずだが、わたしは勝手にその間取りや、玄関にいたるアプローチや、家をめぐる近所の林のありよう、ご夫妻が丹精される花木の植わっている場所などまで想像できたし、時にはのこのこと玄関を入って、居間にすわりこみ、台所から煙だって匂う干魚の脂香だとか、御主人が好物の大根おろしをすっておられる夫人の姿さえこの目にとどいてくる日もあった。こんな日記にめぐりあえることはあまりない。

はじめてだな、と思った。たんなる生活日誌ではなくて、そこに偉大な作家が丸腰で起居している。そしてその家の戸はいつも開け放たれていて一日のくらしの詳細な風景が目に迫ったのだ」

⑲わが家の夕めし　アサヒグラフ編　カラー写真（朝日文庫）（絶版）

『アサヒグラフ』連載の「わが家の夕めし」は昭和四十二年から二十年間ロングランを続けた人気ページであった。この「夕めし」の人気は料理法の紹介やグルメ志向とは遠い一般家庭の夕食の風景である。茶の間の茶だんすや食卓、テレビ、食器などにも関心があっただろうが、今では時代の変遷が見てとれる。家族の笑顔や一人の夕食にも料亭では見せぬ寛いだ表情がある。

何回見ても飽きないこの文庫本が絶版であることは残念である。

⑳旅はゲストルーム　浦一也（光文社文庫）

行く先々のホテルの部屋を実測、縮尺で記録して水彩絵の具で着色するという見るだけで愉しい本。家具や備品も描かれていて旅心をかきたてる。

例えばグランド・ハイアット・ソウルの螺鈿《らでん》の小箱と桃。フランス・アンボワーズのホテルのダイニングルームやバスルームにあるアメニティイのラブリィな小物。

グランド・ハイアット上海の七階から見た市の光景。

ウエスティン都ホテル京都の佳水園など見て、読んで、飽きない。

㉑アタクシ絵日記　忘月忘日　山藤章二（文春文庫）

このシリーズは八冊あるが一～三は絶版である。

独特の戯画・似顔絵にペン字の文章が親しみやすく笑いながら読める。

㉒わが座禅修行記　横尾忠則（講談社文庫）

わたしは絵入り文庫本が好きなのだが、この本には絵が一ページもない。にもかかわらず、僧堂の雰囲気が、まるで絵画を見ているように、よくわかるのは筆者がイラストレーターであるからだろう。早朝の僧堂の描写を一部紹介すると、こうである。

「太祖堂の入口や窓の戸はすべて開け放たれているために堂内の空気は冷たい。しかし、朝が次第に明けてくる様は絶妙である。漆黒の闇は東の空から次第に濃紺になり、やがて灰色になったかと思うと、次の瞬間水色に変わり、一条のピンクの帯が水平に引かれ、やがて手前の木々の梢が見事な影絵と化す。小鳥のさえずりが一段と騒々しくなったかと思うと、いきなり黄金の光芒が道内の床を突き刺す。僧侶の法衣に反射した陽光が僧侶を金色に輝く四十体の仏に変身させる。高なる読経と見事な自然の演出はクライマックスに達していく。来てよかった！」

これを読むと座禅したくなるのだが、老女の参禅をうけいれてくれる寺院はないだろうと断念する。

㉓山頭火日記　全八巻　種田山頭火（春陽堂文庫）

尾崎放哉と同じく萩原井泉水門下で自由律俳句を読む。放哉と同じく酒に目がない男である。銭がないのに酒を思うと自堕落になり抑制がきかないのは、放哉や山頭火だけでなく『俳人風狂列伝』

の高橋鏡太郎や伊庭心猿など卑しくなる人が多い。

山頭火は行乞に出かけると、いい句をつくっている。昭和五年の行乞記に「俳句はその作者の境遇を知らないでは、十分に味わえないと思う。…生活という前書きのない俳句はありえない」といっているが、わたしも同感である。好きな『蕪村句集』は勿論のこと、近現代の俳人の句集も同じである。

山頭火は後援者が多いのでその世話をうけて晩年は憧れていた草庵で生活できた。日記は正直で魅力的。「鉄鉢の中へも霰《あられ》」

㉔叛旗　小説李自成　上下巻　姚雪垠（徳間文庫）（絶版）

李自成は農民反乱軍を率いて北京に迫り崇禎帝をして縊死させた人物である。

それなのに清軍が明王朝に代わって中国を支配したのは、明の将軍呉三桂が北京の陥落を知り、敵の清軍に寝がえり協同して李自成を討ったためである。

作家姚雪垠は歴史小説の名手であり、この小説はベストセラーになった。文庫本上下だけで六〇〇ページである。まだ続きを執筆中で全五巻になる予定と解説に記しているが、一九九二年に氏は七十歳なので続篇を読むことは期待できなくなった。

それにしてもこんな面白い中国の歴史小説は、やはり日本人の書いたものとは一味も二味もちがうものだと納得したが、それは陳舜臣兄弟の翻訳があったからこそであろう。

㉕明治女性史1〜4　村上信彦（講談社文庫）（絶版）

わたしは女性史について、この本から得た知識以上の読み物をしらないし、またこれほどの感銘をうけたもののもない。絶版なのが残念である

㉖中国・朝鮮論　吉野作造、松尾尊兊編（東洋文庫）

わたしは明治時代では田中正造、大正時代は吉野作造、昭和に入っては高橋是清を尊敬している。三人に共通するのは権力に抗して国民の人権を護ろうと努力したことである。吉野の人権意識が当時の水準を抜いていることは、対中国、対朝鮮問題の論説に多くみられる。北京大学生らの五・四運動や朝鮮民族のナショナリズムの台頭にも深い理解と同情をよせた論説をたびたび発表した。

『吉野作造論集』は岩波文庫や中公文庫にもあるが、中国や朝鮮問題の論説が多く編集されているのは東洋文庫である。特に関東大震災時における朝鮮人虐殺事件を直接調査して「今度の災厄における羅災民の筆頭に来るものは、これらの鮮人でなければならない」と論じた。

このとき官憲の圧迫に抗して、ここまで言及した日本人はいなかった。

今でも通用するこれらの論説は吉野の人間性と基本的な思想から生まれてきたものであろうが、わたしの人生の指針としたいと思う。

㉗「在外」日本人　柳原和子（講談社文庫）

この本を手にしたとき、わたしは「こんな本、見たことない」とつぶやいた。四十か国六十五都市に住む日本人一〇八人に四年間にわたるインタビューを続けた記録である（実際には二〇五人）。著者の解説や分析は一切ない。ペルーのリマで板前をしている人。モスクワでペレストロイカにより発禁本だった本を売る五十五歳の女性。文化大革命に遭遇しながらも北京の復興をまかされ四十三の工場の技術指導をする人など、アメリカ大陸、欧州、東南アジア、インドなど広範な地域に生きる日本人の語りを読めばひきこまれてしまう。九〇〇頁を超える文庫はインタビューをうけた人々の人生を凝縮した重みがある。

わたしはこれを辞書のように、時々ページを開いて読むつもりである。

㉘『レ・ミゼラブル』百六景　鹿島茂（文春文庫）

鹿島氏はパリ滞在中にユーグ版（一八七九年）の挿絵入り『レ・ミゼラブル』を見つけた。活字ではわからない十九世紀の雰囲気を蘇らせた三六〇葉の挿絵から一八〇葉を選び、『レ・ミゼラブル』を社会史として読みとるような解説をつけられた本である。

小説の細部を楽しみながら、歴史を理解しようとする人々にとって、この絵入りの『レ・ミゼラブル』はまたとない絶好の読み物である。わたしは正統的でない細部に及ぶものが好きなのである。したがって、わたしはこの本で二度、『レミゼラブル』を以前よりも濃密に楽しみながら読むつもりである。

㉙本の枕草紙　井上ひさし（文春文庫）

本好きの人間にとって、この二二〇頁ほどの文庫はすぐに読めて実に愉しかった。

例えば「理想の辞書」の項では〈女〉という言葉についての語釈が辞書によって違っていることを紹介。『新明解国語辞典』の「人間のうち、雌としての性機能を持つ方」といった定義は「これまでの語釈にない奔放さと正確さがある」としつつも、「『岩波第三版』には「藤原鎌足の女」など血統をいう時の〈女〉の字は〈むすめ〉または〈じょ〉とよむ。」とあるのを見て感心する。そのほかにも〈学際〉など辞書でも、その解釈が違っていることを紹介されていて面白く読める。

氏は無人島に行くのに一冊だけ持っていく本を選べといわれたら、岩波の広辞苑であるという。理由は井上氏にとっては、余白に自身で漢字の使い分けや解釈などを記入している世界でただ一つの辞書というわけなのだ。

例えば「きず」については、傷、創、疵、瑕などの違いについて説明を付記されているのだ。わたしも「聞く、訊く、聴く」「泣く、啼く、哭く」「恥じ、愧じ、羞じ」など使い方を考えることがあるので、大いに参考になった。わたしは広辞苑の余白を埋める程の勉強はしていないけど。

井上さんは古書店や図書館で書き込みをした本に出合ったときは、いやな感じだと書いているが、この広辞苑を古書店で、買った人は大層喜ぶこと請け合いである。

『本の枕草紙』は一九八〇年ごろの出版なので、情報処理の仕方など古いが、それはそれでかえって興味がわくのである。

㉚ビゴー日本素描集・続ビゴー日本素描集（岩波文庫）

ビゴーは幕末から明治初期に日本に長く滞在して、日本を描き続けたイギリス人画家である。この素描集を眺めると、渡辺京一著『逝きし世の面影』に引用されている欧米人の日本人への素朴な美徳への称賛はうそだったのかと思われるほど野卑に満ちた日本人が描かれている。『逝きし世の面影』にはエルギン卿に随伴して日本に来航したオリファントなどの日本印象記が引用されているが、総じて日本人の美徳や類まれなる風景を絶賛したものが多い。

特に中国を経由して来日した欧米人らは中国の貧しさや不潔さ、乞食の多さを嘆き、それに比して日本では粗末な家屋に住み、着古した衣服を着ても清潔感があることを褒め、乞食が目に入らないことでほっとしているようである。しかし、中国に乞食が多い大きな理由の一つはアヘン戦争に続いてアロー号事件をきっかけにした英仏軍の中国侵略にある。エルギン卿はこの戦争の成果である天津条約を締結するため派遣された外交官なのだ。

さらに彼らが日本の田園的風景を絶賛する背景には、その頃のイギリスは産業革命が進みテームズ川の汚染、石炭の煤煙に覆われる街、子供の虐待など悲惨な事象が顕著になっていたためである。一時代遅れていた日本の澄みわたった空気やきれいな川、可愛がられて育つ庶民の子供たちをみて欧米人たちは感嘆したのである。

つまり、まだ明治維新前の幕末に来航したわけで、明治十五年に来日したビゴーらは文明開化の真っただ中に来て、奇妙なごっちゃの生活を間近に見たのである。しかし、ビゴーらは西洋の文物を盲目的に模倣せず、一見卑猥で滑稽でも勤勉に生きる民衆の姿に魅力を感じつつ描き続けた。

わたしは幕末に来た欧米人の印象記とこの素描集を見れば、より我々の逝きし世の面影が理解できると思うのだが。

㉛白鯨　メルヴィル　上中下巻（岩波文庫）

一九五六年、わたしは映画「白鯨」を観て強烈な印象をうけ、原作を読みたくなり、上巻だけを買って読み始めた。ところがグレゴリー・ペック扮するエイハブ船長は、なかなか出現せず、この話を語る人物イシュメールとクイックエグが友情で固く結ばれるまでの描写が長いうえに、哲学的比喩や人生観を述べた文章がいやに多いように感じて読むのを止めてしまった。わたしはまだ二十四、五歳で冒険的ストーリーを求めていたのだった。

でも昨今つまり五十余年が過ぎて再度読むと、二十歳代で面倒臭かった箇所に心が相槌《あいづち》を打った。

「人間は目を閉じていなければ自分の正体を正しく把握することはできない。なるほど明こそ人間のうつせみの部分によりなじむ要素ではあるが、暗こそが人間の神髄と本質になじむ要素だからである」

というような哲学的比喩が、心にカルピスを、眠気が強くなった頭脳にコーヒーを供してくれる。

「船長室で行われる食事は、ドイツ皇帝が七人の選帝侯と粛々と食事をするのがならいのフランクフルトで行われる戴冠式の晩餐会にいくらか似て、絶対的な沈黙のうちに行われる」など、歴史的博学にも感嘆した。

㉜ドクトル・ジバゴ　上下巻　パステルナーク（新潮文庫）

これも『白鯨』同様で映画を観て、「ラーラ」のテーマ音楽と最後の悲しいシーンに心がしびれ、この長編を購入したのである。昔、松田道雄『ロシア革命』を面白く読んだことがあるが、ロシアの広大な地方での白軍やパルチザンの戦闘、そこで流されていく幾多の人々の人生などは語られていなかった。ロシア革命の過程での人々の苦難と栄光と運命に思いをめぐらしながら、日本では抵抗や革命の叙事詩がつくられなかったことを考えた。

㉝アイリッシュ短編集（創元推理文庫）

若いころ、翻訳推理小説にのめり込んだ時期があった。

その頃に読んだもののなかで、今も印象に残っているのは、アイリッシュ『幻の女』、ニコラス・ブレイク『野獣死すべし』、アイラ・レヴィン『死の接吻』、アンドリュウ・ガーヴ『ヒルダよ眠れ』、フィルポッツ『闇からの声』などである。

今の幼児殺しや嗜虐的殺人などの刺激の強い長編推理小説は高齢者の心身には害がある。それで一昔前の好きなアイリッシュの短編集を籐椅子にでも座って、うとうとしながら読みたい。

㉞飯待つ間　㉟仰臥漫録　㊱病状六尺　正岡子規（岩波文庫）

この三冊は子規の随筆三部作というべきもの。

『飯待つ間』は中村不折から洋画のよさを教えられて、日本画が贔屓《ひいき》だった子規が徐々に洋画に目覚め、水彩画を描くまでになったこと、明治三十三年、初めて絵の具を使って秋海棠を描き、黙語先生（浅井忠）に見せるとほめられて嬉しかったことなど、子規が絵画に関心を抱き始めたころのことが書かれている。

『仰臥漫録』は明治三十四年、子規三十三歳の日記である。病状は進み、仰向いたまま毛筆で書いた。三度の食事と間食を詳細に記しているが、それは本人も述べている通り、驚くべき過食のため食後は、痛みに苦しみ泣くのである。健康な人間でも一度に食べきれない量を食べる子規は、それだけが生きていることの手ごたえであったのかもしれない。

『病状六尺』は新聞『日本』に連載されていたが、病勢悪化して明治三十五年九月十七日を最後に終わったが、その二日後に死去した。

子規は病床で画譜画帳を見て楽しみ、麻痺剤を飲んで絵筆を持ったのである。枕元には果物や草花を写生した画帳が遺されていた。

わたしはスケッチが趣味であるが怠惰な性格なので、子規ほどには筆がとれない。別に展覧会に出品するわけではないから、日々見たものを気軽に描けばよいのに、それができない。時々この随筆集を紐解いて反省しようと思うのである。

㊲打ちのめされるような凄い本　米原万理（文春文庫）

米原さんは「ゴルバチョフやエリツィンが名指しで依頼してくるほどのロシア語同時通訳の第一人者だった」と井上ひさしが、この本の解説で述べている。

米原さんについては「ひとり死の先達たち」で紹介しているので簡単に記す。

この本には米原さんの書評と癌体験記が記されている。転移がわかってからは、代替医療とよばれる食品を試すが、その犯罪的な高価さを腹立たしくおもいながらも拒みきれない自分が情けないという。『がん免疫と温熱療法』『奇跡が起こる爪もみ療法』『がん治療総決算』『免疫革命』などなどを集中して読み、その治療を実践している研究所、医療機関を訪れる。しかし、ほとんどが科学的根拠のないものと思え、満足がえられず、結果的に抗癌剤治療をうけざるをえなくなったと記す。

米原さんはこれらの治療本を我が身を以て検証した結果、「万が一、わたしに体力・気力が戻ったなら『お笑いガン治療』という本にまとめてみたいと思うほど悲喜劇にみちていた」と述べている。

そして二〇〇六年五月に逝去されたが、癌体験記の日付は逝去される数日前のものであった。『お笑いガン治療』は永久に読めなくなったのである。

㊳見上げた空の色　宇江佐真理（文春文庫）

時代小説はあまり読まないので、宇江佐真理という作家の存在も知らなかった。ところが、二〇一六年一月十二日の朝日新聞夕刊に宇江佐真理の『うめ婆行状記』が遺作として連載され始めた。宇江佐さんは二〇一五年十一月に六十六歳で没されていたのだった。

梅干を漬け始めて間もない「うめ婆」であるわたしは、その題に興味をそそられて読み始めたら、夕刊をまちかねるようになってしまった。市井に生きる八丁堀同心の家族の日々を温かく哀惜をこめて描いている。未完で終わったが、わたしも今年はうめ婆さんのように、漬けた梅干しを、親しい人たちにもらってほしいものだと思った。わたしはもう少し宇江佐さんの作品が読みたくなったが、捕物帳は苦手なので、エッセイの『見上げた空の色』を買って読んだ。「毎朝目覚める度に、昨日と同じ今日でいいというささやかな思いでいる」と書いているが、それは「うめ婆」さんはじめ人生の終息に向かう人の素直な望みであろう。明るく日々を生きさる宇江佐さんのエッセイは、和やかに人を励ましてくれる。

㊴中国の歴史　七巻　陳舜臣（講談社文庫）

作者の陳舜臣は二〇一五年九十歳で逝去された。わたしは中国史や中国に関する著作では彼の右に出る人はいないと信じていたので泣きたいほど残念だった。

中国の資料を容易に読みこなし、日本語で自由に書きまくる人物はそういないが、謙虚にして温厚な人柄だったので親しみやすかったという。文章も同じく大層親しみやすく高度なことを書いてもわかりやすいので、おかげで七巻をスラスラ読めた。

そのわかりやすさは『中国の歴史』第一巻の初めに「中国の歴史は三皇五帝から説き起こされましたが……そのなかの神農は農業の神様であり、百草をなめて医薬をみつけ、八卦を重ねて六十四卦をつくったといわれ。医薬や易者の神様です。大阪の道修町では神農は守護神とされています。漢方医は冬至の日を神農祭と称して、親戚や知人を饗応したものです」と日本と比較しての説明で抵抗なく読み進められる。

氏の代表作である『阿片戦争』『太平天国』の大長編を飽きやすいわたしが読んでしまったのは、「小説ではないが小説のような細部を通して歴史を読む」ことが好きな性分にあっていたのだろう。

㊵海辺のカフカ　上下巻　村上春樹（新潮文庫）

『ノルウェイの森』を読んで以来、彼の本が発売されると買っていたが、そのうち飽きてしまった。ところが『海辺のカフカ』は、わたしの好みに合ったのか、それとも高松から帰ってきて間がなかったので、駅前に売っていた「じゃこてん」や「さぬきうどん」を思いだしたためなのか上巻は一日で読めた。下巻も翌日に読了した。安原顕が「父親が家出したカフカ少年の捜索を警察に頼まないのはおかしい」と批判していたが、幻想小説の類だから仕方がない。それよりカフカが強い決心で高松までやってきたのは、母に対する強い慕情があったためである。だがその女性がいくら上品で魅力があっても、十五歳の少年がセックスまでして恋い焦がれるというのはどうかなあと思う。しかし、村上春樹はギリシャ悲劇やプラトンの『饗宴』などを引き合いに出しているので、多分それを下敷きに考えたとすれば、これも自然である。カフカ少年はみんなに好かれるがわたしは好きではない。好きなのはナカタ老人を世話する星野青年である。

高松に今も、もし甲村図書館があれば、わたしはすぐにそこに出かけて本を読むことになるだろう。この小説が面白かったのは多分に甲村図書館の魅力のせいなのかもしれない。

㊶倉橋由美子の桂子さんシリーズ『夢の浮橋』『城の中の城』『交歓』（新潮文庫）

ページごとの会話が古今東西の文学や哲学、更には音楽の蘊蓄《うんちく》が溢れていて、ディレッタンティズムが嫌味なく楽しめる。近年の底の浅い当世風俗を追う小説にはない深みがある。

歴史的仮名遣いや旧漢字の文体は十四歳まで馴染んできたので、なつかしく目で慈しみながら丁寧に読んだ。禁忌の愛もヘレニズム的である。

倉橋さんは押し付ける宗教としてキリスト教やマルクス教を忌み、ギリシャ的な思考を好んだようである。磔刑のキリストの絵や彫像、仏教の地獄絵など大嫌いといっているが、わたしも嫌いである。絶妙の知的ユーモアとアイロニーに満ちたこれらの作品を時々読んで、大いに楽しむつもりである。

桂子さんシリーズは最後の『シュンポシオン』をいれて四部作なのだが、『シュンポシオン』はなぜかここにあげた作品とは違い、作中人物もがらりとかわり、会話が冗漫・無意味に傾き退屈であったので省いた。

㊷『田辺元・野上弥生子往復書簡集』（岩波現代文庫）

わたしはこれを何ともいえないおかしさというか、ほほえましさを感じながら読んだ。世間知らずの老学者の一徹と稚気が書簡に溢れていて、思わず笑ってしまう。たとえば小説に出てくる卑しい人物は作家自身の反映とみて、弥生子を厳しく批判するのである。それを怒らずに受けとめる弥生子は孤独な元のやさしい姉であった。

田辺元は京都学派の中心的な学者であった。戦時中の言動について懺悔すると称して京都から北軽井沢の山荘に夫婦で引っ越した。ところが妻に先立たれた老学者田辺元は、妻と行き来のあった野上弥生子に歌をおくった。弥生子も前年に夫豊一郎を失って互いに自由であった。弥生子は田辺元のもとに通って、哲学の講義をうけるようになる。二人は互いの業績に敬意を払いながら、文学や哲学についての知的な内容の往復書簡を一〇年ほど続けた。

二人の書簡には淡い恋情と友情が漂っているが、これだけの高齢の文化人が互いの人格を尊重しながら慕いあい、しかも品格を崩さず文通を続けた例は、ほかに類をみないのでなかろうか。

また元が倒れたあとも、最後まで見捨てなかった野上弥生子の「人間」について深く考えさせられる。

㈢　昨日と同じような日々がよい

愛する者や親しい人達が先に失踪していくのは本当にさびしいが、孤独を嘆いて生きているわけではない。毎朝目を覚ますと、今朝は何を食べようかと思うだけで楽しい。好天なら二〇分歩いてショッピングセンターへ行って好きな物を買い、本屋で文庫本や新刊文芸書などを見て回って、読みたいものがあれば、それを図書館に予約する。近くの中型スーパーは毎週月曜日が一〇パーセント引きである。

好きな二重弁当や中身がギッシリの巻寿司、おいしそうなポトフなどを見ると、家に食べるものがあるのに、つい手がでてしまう。

帰ったらコーヒーをわかし、本を読んだり、相撲や野球、サッカーなどを観戦し、メールを見たりする。

ほぼ毎日同じような繰り返しであるが、これが楽しい。

しかし、こういう日常は健康であってこそ可能なのである。夕日が川に小さな金のさざ波をたてているのを見たり、近くの桜の大樹の下で、お茶会があると、コーヒーをよばれて雑談したり、藪椿の枝を二、三本わけてもらって、描いてみたりする。

時々、自家製のジャムや赤飯のおにぎりなどを近所からいだたくが、お向かいからは揚げたての魚介類をよくいただき、その香ばしい匂いに負けて食事前に食べてしまう。

「昨日と同じ今日がいい」と宇江佐真理さんはいっているが、本当にそうなのだ。

わたしは若い時から装身具や化粧品などにあまり関心がなかったが、音楽には多少関心があって、高価なオーディオ機器を買ってその音響にしびれていたが、数年したらコンポの部品が故障した。修理には新品を買うほどの費用がいると知ってからは、ウォークマンやラジカセで音楽をききながら本を読んでいる。

八十歳になると海外旅行は不安になり、億劫になった。一、二泊の旅行には行くが、日帰りが多くなった。大抵小型のスケッチブックとデジカメをカバンに入れて気に入ったところを描く。毎年東京に二泊することが多い。これは松本先生や今野さんと会えるからである。先生は昨年『「利己」と他者のはざまで―近代日本における社会進化思想―』を出版され、今年は、九十二歳になられるが『明治思想史』の増補版を刊行される予定である。

東京はやはり大阪以上の大都会なので催しが多いし、見たいところもまだまだあって、気分は東京にむくのである。昔は先ず神保町に行ったものだが、最近は行かなくなった。体力的に疲れるのと、買いたいと思う本が少なくなったこと、価格は大阪の方が廉いこと、さらにネットで古書の価格が均一化されているので、掘り出し物が少なくなって面白さが失われたことなどである。

それでも古書店の前を通ると入らずにはいられない。

昨年は久しぶりに欲しかった本を入手した。奥の深い古書蒐集家大屋幸世『蒐集日誌』全四巻のうち欠本だった三巻を天神橋商店街の古書店で買うことができた。

これは何度読んでも飽きない。啓発され、刺激される。

大屋氏は日本近代文学専攻の方である。ただ単に珍しい古書をどこでいくらで買ったという自慢話ではない。書誌的な記述もあるが、購入した本についての解釈・見解が一通りでなく深くて面白いのである。

例の一は、斎藤茂吉の短歌についての感想である。

茂吉の晩年の短歌『つきかげ』を評して「茂吉も老いて仕方がないと思うが、〝老い〟に馴染んでしまった姿は、年はとりたくないというより、年のとり方が問題だと述べ、その短歌をいくつかあげている。わたしはこれを見て大いに同感した。

例の二は、ヴェルレーヌの「都に雨の降る如く」の訳は大抵堀口大学訳の詩をのせている本が多いが、鈴木信太郎訳を並べて比較してあった。わたしは断然鈴木信太郎派であるが、この二つの訳を並べられれば、大抵の人は鈴木信太郎訳を採るのではないかと思ってしまう。

堀口大学訳

巷に雨のふる如く
われの心に涙ふる

かくも心に滲み入る
この悲しみは何ならん？
やるせなき心の為めには
おお、雨の秋よ！
やさしき雨のひびきは
地上にも屋上にも！

鈴木信太郎訳

都に雨の降る如く
わが心にも涙降る。
心の底ににじみいる
この侘しさは何ならむ。
大地に屋根に降りしきる
雨のひびきのしめやかさ。
うらさびわたる心には
おお雨の音　雨の歌。

（以下略）

㈣　圧迫骨折になってみて

八十五歳を過ぎた十一月五日、風邪がこじれて激しい咳をするようになった。これが引き金となって腰椎が圧迫骨折をおこしたのである。あまりの苦しさと背中にかかる重い痛さに耐えかねて救急車をよぶ。

早朝の五時半はまだ暗い。付き添って下さったのは、お向かいの奥さんである。救急士が「ご家族をよびます」と何度もいうので、従妹に連絡してもらう。

お向かいの奥さんは、従妹があたふたと駆け付けるまで一時間ちかくも病院に付き添って下さっていた。

親族のない人、あっても疎遠な人がいる。親族以上に自分を理解してくれている親しい人がいても法律上の親族が必要なのだ。それがいない場合は搬送しても病院がうけいれてくれないのだろうか。その理由は入院費支払いの保証人、手術の同意、死んだときの遺骸の引き取り手の有無が問題なのであろう。

わたしは咳が激しく熱もあるので、総合内科の病棟にいれられた。痛み止めの薬で熟睡したが、ベッドから起きてトイレに行くのには腰に激痛があり地獄であった。

内科では血液の検査ばかりしてウィルスの感染を疑っているようだった。四日目にＭＲＩの検査で腰椎の圧迫骨折とわかり、翌日オーダメイドのコルセットを作成するために業者が体の寸法をはかりに病室にくる。コルセットができ上がったのは、それから三日後の月曜日であった。皮でアルミを覆った一キロのコルセットを三か月つけるようにと告げられる。

まるで鎧を着ているようである。これができると退院させられた。車椅子も歩行器も与えられず、脂汗をたらしてトイレまで歩いたが、食事の際に両手をつかうと、体重が腰にかかって痛かった。帰宅してネットを見ると「最初の二週間は絶対安静。処置が早いほど、回復が早い」とあった。

数年前に骨粗鬆症の一歩手前といわれていたのに、軽く見ていた呑気さが悔やまれた。

しかし、戦前や戦後間もない頃、栄養も悪く、農村の年寄は腰が曲がった人が多かった。木の枝を切って杖にして九十度近く曲がった体で歩き、田畑の仕事を這うようにしていた人を何人も見ている。

わたしの祖母も、「痛い」と呻いていたが、一日中畑仕事や家事に追い回され、いつの間にか背骨が彎曲してしまっていた。村には整形科の医院などなく、内科の藪医者が一人いただけである。圧迫骨折なんていうことばすらなかったのではないだろうか。明治生れの人はみな我慢強かったことを思うと、わたしは恵まれた老後をすごしている。

退院後は地域包括支援センターのケアマネさんを中心に掃除や買い物のヘルパー派遣をきめてくれる。一か月六百円で、ベッドの手摺も付けてもらえたのは大助かりであった。

買い物はヘルパーさんや友人、従妹に頼む。ただし、これが難しい。健康な人間はどうしても自己の好みで買う傾向がある。パンはクリームやレーズンなどがたっぷりのっかった甘いもの、スープは具が多いものを買ってくる。電球まで求めたものとは違った。

身体の弱った病人は、具の多さよりも美味しいスープだけがほしいのである。

わたしは昨年、車をやめてから、歩いてスーパーにいく不便さを嘆いたが、今度は歩いて自分で見て、選んで買えない不自由さを嘆くことになった。

一か月経過したころ、腰の厳しい痛みはほとんどなくなったが、両脇の筋肉の炎症がとれず、五分も歩くと鈍痛ながら、引きちぎれそうに痛くなる。それでもわたしはマグロのお刺身が食べたい一心でクリニックの帰りにスーパーまで身体を直角にまげて歩き、憧れのお刺身を買った。帰宅して熱々のご飯にお刺身をのせて食べた。その美味しさ！

病院では毎日お粥であったが、お椀の半分も食べられなかった。退院してもご飯を食べたいとは思わなかったのに、なんと半膳も食べられたのである。退院してご飯を口にしたのは、このときと従妹が作ってくれた「ちらし寿司」とヘルパーさんが調理された「トマトスープ」のときだけである。

健康なときには、朝起きると、朝食は何を食べようかと思うだけで愉しいなんて書いたが、病気になると途端に食欲がなくなり、「食べなければ」と思っても、ご飯一口でも拒否反応がおこる。

退院後、数日して体重をはかるとは八キロ減って四五キロになっていた。入院中は体重が減るのを期待していたが、これは期待を超えていた。腰痛と衰弱した身体でのひとり暮らしを一か月経験して思ったのは、以下のことである。

先ず携帯電話がいること。いままでは、旅行中にあれば便利だなと思ったことはあるが、日常ではほしいとは思わなかった。しかし、病院で電話をかけるには公衆電話まで行かねばならないし、外部からわたしに連絡することができない。また退院後、電話の受信音がなっても、ベッドからおりて固定電話まで行くのに時間がかかるので、切れてしまうのである。買い物を頼むときも、携帯電話があれば、こちらの希望している物が携帯でのやり取りで具体的に買い手に伝えられる。

第二はキャッシュカードがいること。年金や必要な金銭の出納は、通帳を窓口で出して処理していたが、自身が病気になって行けなくなれば、通帳と印鑑を誰にわたして依頼するのか、である。何年も前にＡＴＭでカードを忘れたことから所持しなくなっていたが、中・長期の入院にはキャッシュカードが必要だと気付いた。これがあれば病院内のＡＴＭを利用できる。そして人にも出金を頼みやすいのではないかと思った。

ひとり暮らしだと玄関に頻繁に出なければならないのは困った。宅急便、回覧板、工事の職人、ヘルパーさんの出入りに鍵を開け閉めすること、植木の剪定などで、体調が不調でも昼間はベッドで、横になっていられない。これればかりはおひとりさまの悩みである。

抗癌剤をやめていた内山は一年近く元気にしていたが、やはり体調が悪くなって大学病院に再入院した。しかし、完治するまでは置いてくれない。医療付き老人ホームなどへ移ることを勧告された。ホスピスにあたる緩和病棟への転院は入院待ちの患者も多く、その資格も難しいようであった。内山の息子さんが面接をうけ、やっと入れたのは五か月ほどたってからである。その間、内山は医療付き老人ホームと民間病院を利用していた。

新築の緩和病棟は、さすがに綺麗で、狭いが部屋も落ち着けて充実していた。職員や看護師さんたちも明るく丁寧であった。ただケアするだけでなく、苦しみや痛さをとるために、いろいろ工夫されている様子が内山の口からきけた。

一か月の費用は三十五万くらいというが、実際は息子さんが払っているので、不明である。入院中も、帰宅後も、しばらく内山に電話をかけていなかった。ところが十二月の朝刊に載った「計算化学の第一人者諸熊奎治さん死去」という訃報を見て驚いた。諸熊氏は内山の弟さんである。諸熊氏は去年、倒れられ、奇跡的に回復して京大の福井謙一研究センターに復帰されていたのである。

わたしは早速、緩和病棟にいる内山にお悔やみの電話をした。

「亡くなる一か月ほど前に、ここまで車椅子で会いにきてくれたのよ」と内山は涙をこらえていう。たった二人の兄弟だから、さぞ悲しいだろう。彼女の夫君は内山が最初の手術が終わって退院する日に急死され、また弟さんまで心不全で急死されるとは。慰める言葉もない。

「わたしより先に、みな、いそいで死んでいくけど、わたしはまだぐずぐずと生きているなんて」と嗤《わら》う。そしてわたしのその後の体調はどうか、ときいてくれた。

「腰の痛みは薄皮を剥ぐようになくなったけど、腰から脇の筋肉に炎症がおこって、相変らず起床するときや歩くときが痛い」

「わたしの病気は治らずに体の中で進行してるんよ」と内山がいう。

「八十歳以上になったら、誰でも老化は進行してるわ。わたしは骨粗鬆症で記憶力衰退現象が進行中です。あなたが入院した時、元気だった作家も動脈瘤破裂で亡くなったからね」

「じゃあ、わたしの癌の進行は遅い方だね。でも食欲がだんだんなくなっていくの」

「わたしも食欲はないよ。退院してから美味しいと思ったのは、まぐろのお刺身食べたときだけやで」

「いいなあ、ここではお刺身なんて出たことないもの」

「一か月で体重が八キロ落ちてしまって、筋肉が抜けてガリガリやで」

「わたしなんか四一キロになってしまったわ」

「でもクリスマスケーキは食べたでしょう？　わたしはケーキも七面鳥も食べてないよ」

「ケーキは親指ぐらいの大きさを食べるのがやっとよ。七面鳥じゃなくて鶏の肉だけど、細かく切ったのを二切れ食べたぐらい」

「あなたの声、随分アルトになったね。コーラス部にいたときのように、一度ソプラノでいってごらん」というと、自分の名前を歌うようにいった。

それはソプラノではない。メゾソプラノだと、わたしがいうと、内山は声をあげて笑った。

「笑ったらお腹が痛いわ」とまだヒクヒク笑っている。

「謡曲うたったら元気がでると、いってたけど謡って気力だしてよ」とわたしにいう。

「この夏、卒業生がきて、謡曲ってきいたことがない。少しだけでいいから謡ってみてというから、《土蜘蛛》の二、三行を謡ったら、御詠歌みたいっていうじゃない。それで謡うことはやめてしまったの」

内山は「笑わさないで……お腹が痛い」という。

わたしは内山がほがらかな声にもどったのが嬉しかった。


六十代にはお正月にベートーヴェンの「運命」をきいて、自分を鼓舞していたが、「加美乃素」の宣伝に使われてからは、きかなくなった。七十代からはオペラやブラームスのピアノ協奏曲第二番をよくきいたが、白鳥英美子が伴奏なしでうたう「草原の彼方」が好きだった。八十代はワーグナーであるが、ジブリのテーマソングも好きで、「カントリーロード」をうたったり、「典子は今」を大声でうたうのである。

意気阻喪したとき、ニーチェの『ツァラトゥストラ』の一節を読むという人が知識人によくいるが、わたしは気力が衰えた時、大きな声で称える文句がある。でもそれはニーチェではない。

「神は死んだ！」と、この哲学者が叫び、『この人を見よ』で弱い人間をあざければ、二千年続いてきたキリスト教世界で生きてきた人々は衝撃をうけるだろう。

でも、わたしはキリスト教徒ではないので、ニーチェの詩句に力づけられることはない。

むしろ滑稽味の混ざった昔からの「付け足し言葉」を勝手に変えて、大声でとなえると気持ちよくなるのである。

「驚き桃の木山椒の木、あたりき車力の車引き、おっと合点承知之助」などの勢いのある言葉を次のように変えて称《とな》えるのである。

驚き桃の木　わたしらみんな
あたりき車力《しゃりき》の　おばあさん
蟻が鯛なら　若者たちに
嘘をなにわの　負けない人気
恐れ煎り屋の　南京豆が
はぜてとぶ世の　びっくり小僧
あたり前田の　七十・八十
今年も元気で　唐茄子かぼちゃ

みんなが望むピンピンコロリと終止符を打つには「自立できる生活」を続けなければ、コロリとはいかないなどといっていたが、圧迫骨折を経験してからは、考えが少し変わった。もうこれだけの長寿になれば、もともと嫌いな健康食品を食べたり健康体操などしたくない。好きな物なら少しぐらい健康に悪くても食べて、気の合った友人とテーブルを囲んで談笑したい。

長生きすれば、親族や知友はいなくなり、お別れの葬儀もいらなくなる。

人は無意識で生まれてきたように、意識をなくして、またひとりで来たところに還るのである。

しかし、昨今、わたし達が還るべき大地には破滅の様相が濃くなってきた。生物の種が絶えていく異常気象が続き、核保有国は核を捨てず、核戦争の準備におこたりない。

人はみな大地に還るのだから、地球はずっと緑であってほしい。それまでわたしは内に人としての矜持を保ち、辛く悲しいなかでも微笑を絶やさず周りの人にやさしくして逝きたいが、それはその人の長い人生に自然に培われたものであり、わたしにはできそうもない。

人はそれぞれ生きてきた境遇が違うので、老いの生き方も、みな違うのである。「人は生きてきたように死ぬ」というが、それも一理であろう。

おわり

北脇《きたわき》 洋子《ようこ》

滋賀県生まれ
一九五四年　大阪市立大学法学部卒業
一九九二年　大阪府立高校退職

主要著書

一九九八年『日本史のなかの世界史』三一書房
一九九九年『棺を蓋いて事定まる』
—高橋是清とその時代— 東洋経済新報社
二〇一四年『明治を彩る光芒』
—浅井忠とその時代— 展望社
二〇一六年『幕末泉州の文化サロン』
—里井浮丘と京坂文化人— 展望社

八十五歳の読居録

二〇一八年七月二四日　初版第一刷発行

著　者——北脇洋子
発行者——唐澤明義
発行所——株式会社 展望社
郵便番号一一二—〇〇〇二
東京都文京区小石川三—一—七　エコービル二〇二
電　話——〇三—三八一四—一九九七
FAX——〇三—三八一四—三〇六三
振　替——〇〇一八〇—三—三九六二四八
展望社ホームページ http://tembo-books.jp/
印刷・製本——モリモト印刷株式会社

ISBN978-4-88546-350-1

北脇洋子の好評既刊

明治を彩る光芒
―浅井忠とその時代―

激動の明治時代、
独特の暖かいまなざしで、
日本の近代を描き続けた
画家 浅井忠の生涯

主な目次

口　絵　浅井忠ギャラリー
第一部　洋画に志して
第二部　在仏の二年間
第三部　京都で三足の草鞋をはく

「縫物」

「農家室内」

ISBN978-4-88546-288-7　四六判上製　定価（本体 2,700 円＋税）